U0118532

彈子王　　　　　郭箏

一、選擇題

（　　）1. 下列選項「　　」中的字，何者讀音正確？
　　　　(A)「囁」囁嚅嚅：ㄋㄧㄝˋ
　　　　(B)乘「桴」浮海：ㄆㄧㄠˇ
　　　　(C)「耷」拉著臉：ㄇㄨㄥˊ
　　　　(D)「瞟」著：ㄆㄧㄠ

（　　）2. 下列選項，何者用字完全正確？
　　　　(A)每天打洋前，他都把那根最稱手的桿子藏在底下，次日清晨再狗挖骨頭似的將那寶貝挖出來
　　　　(B)阿木如果死了，這些球一定都會哭成一顆顆眼淚形狀的東西，不規則的滿檯打滾撒賴，呼天搶地，而別人再也無法把它們打進洞裡去了
　　　　(C)其實，說他猥瑣嘛，稍微過分了點，說他邋塌嘛，倒也不盡然，反正他就是讓人覺得不乾不淨、不像個玩意兒
　　　　(D)眼睛非常類似一隊走了筆的三角，銳角永遠黏答答的往下垂，嘴唇則如同一根兩端被人拗斷了的木棍，一逕彎彎的淌著苦汁

（　　）3. 下列關於郭箏的敘述，何者**錯誤**？
　　　　(A)本名陶德三，求學過程並不順遂
　　　　(B)曾發表好個翹課天，寫出青少年的叛逆不羈，反諷升學體制的刻板僵化
　　　　(C)除了純文學作品外，郭箏亦是一位詩人，詩作寫實的反映社會現實
　　　　(D)曾擔任電視劇施公和吳宇森電影赤壁的編劇

（　　）4. 下列關於彈子王主角阿木的敘述，何者正確？
　　　　(A)阿木長得十分討喜，從一出場開始，就是一個令人不得不多看一眼的人物
　　　　(B)阿木是個膽小沒個性的人，像跟屁蟲一般跟在別人後面，任人打罵
　　　　(C)有時阿木也會強出頭，特別是在打群架的時候
　　　　(D)阿木小的時候人際關係還不錯，到了高中便交不到知心的朋友

（　）5. 在彈子王中，是哪一個事件讓阿木變得跟以前不一樣，而更有自信了？
　　　　(A)打架贏了之後　　　　　(B)偷家裡賣的菸給同學抽後
　　　　(C)成績突飛猛進之後　　　(D)學會打彈子之後

（　）6. 彈子王中，阿木從何時開始，懂得了什麼是真正的撞球？
　　　　(A)被猴子的球砸中前額之後
　　　　(B)和高年級的傢伙單挑之後
　　　　(C)在武昌街老舊的彈子房和神祕的老頭子學撞球後
　　　　(D)在咪咪的俱樂部裡和國手比賽之後

（　）7. 彈子王中的主角阿木後來發生了什麼事？
　　　　(A)失去了雙手，但又開始打撞球
　　　　(B)開了一家撞球店，自己當老闆
　　　　(C)成為一位修理汽車的工人
　　　　(D)和別人打架，被判刑坐牢

（　）8. 下列選項，何者用以形容阿木出神入化的球技？
　　　　(A)把球打得「噼啪」亂響
　　　　(B)架不對就敲他一下腦袋，折騰半天，他仍然架成一副烏龜爬的鬼樣
　　　　　子
　　　　(C)每次瞄準還一本正經的蹲下身去，把半隻腦袋探出檯緣，眼睛瞇呀
　　　　　瞇的，活像一個從散兵坑中仔細瞄準敵人的神槍手
　　　　(D)白球如行雲，檯面如流水，各種色球如繁星墜落銀河，阿木則擁有
　　　　　一支神仙的杖，一雙慈母的手，揮灑之間，變幻出人世最神奇的魔
　　　　　術

（　）9. 像阿木這樣的青少年，在當時**不屬於**哪一種類型的人？
　　　　(A)一般人眼中的問題學生　　(B)失去自我價值認同的青少年
　　　　(C)不被社會認同的邊緣人　　(D)常向人恐嚇取財的地痞流氓

（　）10. 彈子王中，作者形容只要阿木一離開彈子檯，就會上演什麼悲劇？
　　　　(A)英雄末路，楚霸王自刎烏江口
　　　　(B)美人遲暮
　　　　(C)神仙落難，孫悟空被狗咬
　　　　(D)道不行，乘桴浮於海

二、問答題

1. 阿木偷家裡賣的菸給同學抽，目的是什麼？

　　答：

2. 請說明彈子王所描寫的主題為何？

　　答：

降生十二星座 駱以軍

一、選擇題

( ) 1. 下列選項，何者用字完全正確？

(A)有一部分原因是每每她將對手幹倒後，鬢髮零亂衣衫不整雀躍地露出十五歲少女欣喜若狂的嬌俏模樣，確乎是騷到你某一部分輕柔的寂寞的心結

(B)所以當孩子們為著這第二代破臺後電動為每一個角色播放帶著搧情配樂的身世情節新鮮好奇時

(C)印度瑜伽面容枯稿的修行僧是魔羯。下盤較弱輕盈在上空飛跳的西班牙美男了是水瓶座吧

(D)這樣地和姊姊一同在回家的路上，同仇敵愾地睥睨著同一條街上那所國民小學的孩子：啊，骯髒地掛著鼻涕，難看的塑膠黃書包，黑漬油汙的黃色帽子

( ) 2. 下列選項「 」內的字，何者讀音正確？

(A)「撂」倒：ㄅㄩㄝˋ

(B)「甬」道：ㄩㄥˊ

(C)左支右「絀」：ㄓㄨㄛˊ

(D)「訕」訕：ㄕㄢˋ

( ) 3. 降生十二星座中，楊延輝以星座來分類生命中出現的女性，顯現出什麼樣的線索？

(A)對於女性從未真正的了解

(B)多年研究星座的心得

(C)對於女性透徹的了解

(D)對於星座的誤解

( ) 4. 「十二個星座乍看是擴張了十二個認知座標的原點，實則是主體的隱遁消失。他人的存在成了一格一格的檔案資料櫃。認知成了編排分類後將他們丟入他們所應屬的星座抽屜裡，而不再是無止境地進入和陷落。」關於上列文句的解讀，何者正確？

(A)文中的主角楊延輝是一個理性大於感性的人

(B)楊延輝富有科學研究的精神

(C)楊延輝運用科學的方法來解決人際關係的種種問題

(D)顯現出楊延輝對於人際關係的疏離與對人的不了解

(　　) 5. 降生十二星座中，什麼樣的情節意象一再地重覆出現？
(A)溺水　　(B)死亡　　(C)戰爭　　(D)分手

(　　) 6. 降生十二星座以星座來解釋人的行為，表現出什麼樣的觀點？
(A)輪迴論　　(B)無為論　　(C)宿命論　　(D)非命論

(　　) 7. 降生十二星座一文，使用了什麼樣的手法來敘事？
(A)以小見大法　　(B)開門見山法
(C)蒙太奇手法　　(D)烘雲扶月法

(　　) 8. 下列關於降生十二星座的情節內容，何者敘述正確？
(A)楊延輝因鄭憶英在大同水上樂園「制裁」他，所以和她分手了
(B)楊延輝因為害怕鄭憶英再來「制裁」他，所以和大學時的女友分手了
(C)滿妹最後開車將春麗撞死，結束了長久以來的輪迴
(D)路易十六中找不到入口的格子，進入後是「直子的心」

(　　) 9. 下列關於駱以軍的敘述，何者**錯誤**？
(A)駱以軍創作初期受到張大春的影響很大
(B)駱以軍認為小說的本質必須回歸到人的身上
(C)我們自夜闇的酒館離開一書，被視為是深受張大春影響所創作出來的作品
(D)駱以軍的小說充滿了實驗的精神，跳躍式的敘述使得時空動線以循環、重疊等方式交錯出入，形成拼貼、錯落的時空

(　　)10. 降生十二星座中「復仇的春麗，別無選擇，只因她降生此宮」一句，可與下列何者相互呼應？
(A)以前你不能選他們的，現在你可以了
(B)現在你甚至可以用自己和自己對打
(C)你的臉，是她看不見的，在她上端的真正殺父仇人
(D)只因你降生此宮，身世之程式便無由修改

二、問答題

1. <u>降生十二星座</u>中，電玩角色無法掌握自己的命運，將其對應到人生，作者想表達什麼樣的意義？

    答：

2. <u>降生十二星座</u>一文，以路易十六中找不到入口的格子，敘說一段什麼樣的故事？表達什麼樣的意涵？

    答：

日曆、最快樂的事　　　王文興

一、選擇題

（　　）1. 日曆中黃開華滿心期待著暑假的到來，因為暑假有他喜愛的事物。以
　　　　下屬於此類事物的共有幾項？㈡綠色的水㈣紅西瓜㈥打籃球㈦畫日曆：
　　　　(A)一項　　　(B)二項
　　　　(C)三項　　　(D)四項

（　　）2. 下列何者是日曆中主角心情「由樂轉悲」的轉折關鍵處？
　　　　(A)黃開華，快樂，不知愁的大孩子，才十七歲
　　　　(B)啊，誰知道他想些甚麼快樂的心事？誰又能數清他想多少事
　　　　(C)一九六一年的後面是一頁通訊地址，沒有日曆。他要自己來畫一份
　　　　　，接連下去
　　　　(D)而，面前的這一張紙，僅僅是一張紙，便裝滿了他未來的，所有的
　　　　　，所剩的全部生命的日子

（　　）3. 下列有關日曆的說明，何者正確？
　　　　(A)「黃開華開始想些他從來不曾想過的事」是主角情緒轉折處
　　　　(B)「他的夢，滿是綠色的水，紅西瓜」顯現出主角貪吃的模樣
　　　　(C)「僅僅是一張紙，便裝滿了他未來的，所有的，所剩的全部生命的
　　　　　日子」是主角期待暑假的雀躍熱情
　　　　(D)「誰知道他想些甚麼快樂的心事？誰又能數清他想多少事」顯示主
　　　　　角煩惱、愁苦之多

（　　）4. 最快樂的事裡的年輕人這麼自言自語著：「他們都說，這是最快樂的
　　　　事」，又說：「這已經是最快樂的事，再沒有其他快樂的事嗎？」有
　　　　關這段小說中點題的敘述，適當的詮釋是：
　　　　(A)年輕人感到雀躍，期待發生一些「快樂的事」，來改變他無聊的生活
　　　　(B)年輕人感到失落，發現原來所謂「最快樂的事」，也不過如此而已
　　　　(C)年輕人感到懷疑，覺得他人不夠睿智，無法判斷何謂真正「最快樂
　　　　　的事」
　　　　(D)年輕人感到憤怒，驚覺原來朋友欺瞞了他，並未告訴他什麼是真正
　　　　　「最快樂的事」

（　）5. 日曆中黃開華伏在案上哭泣的原因為何？
　　(A)當他畫完日曆，忽然意識到暑假是短促的，快樂的日子並不長
　　(B)當他畫完日曆，忽然意識到人生是短促的，生命無常的陰影原來等
　　　著他
　　(C)當暑假過完，屬於他的快樂時光將被繁重的課業壓力給取代
　　(D)當暑假過完，他的童年也結束了，再也不能無憂無慮的生活

（　）6. 王文興向來以對形式、文字極為講究著稱，他能運用富有意象的字詞
　　來增強角色的心理狀態。其筆下最快樂的事中的年輕人，覺得生活百
　　無聊賴，請問以下哪組字詞，最有增強該角色心理的效果？
　　(A)冰冷、空洞、灰濛、同樣
　　(B)毛衣、天花板、窗戶、床
　　(C)女人、自己、他們、年輕人
　　(D)爬進、瞬間、床上、離開

（　）7. 最快樂的事裡的年輕人這麼想著：「同樣的街，天空，建築，已經看
　　了兩個多月，至今氣候仍沒有轉變的徵象。」下列選項皆為現代詩句
　　，請推敲何者與他的心境最可以呼應？
　　(A)跫音不響，三月的春帷不揭／你底心是小小的窗扉緊掩（鄭愁予錯
　　　誤）
　　(B)那麼你就是偌大的沙灘了／容許一條鯨魚游來擱淺／甜美的墳場（
　　　許悔之終旅）。
　　(C)哈里路亞！我們活著。走路、咳嗽、辯論，／厚著臉皮占地球的一
　　　部分。／沒有什麼現在正在死去，／今天的雲抄襲昨天的雲（瘂弦
　　　深淵）
　　(D)會的／總有一天／可能／非常可能／在彼此憂患的眼睛裡／善意的
　　　略過　無法／多做什麼／四下突然安靜，唯剩一支／通俗明白的歌
　　　（夏宇乘噴射機離去）

（　）8. 最快樂的事的年輕人最後自殺了，依據本篇小說給予的線索，他自殺
　　的原因為何？
　　(A)年輕人失手殺了一個女子，擔心社會輿論壓力，畏罪自殺
　　(B)女子想與年輕人分手，年輕人感到他的世界正崩毀，一切都變了樣
　　(C)年輕人嘗試了大家所說「最快樂的事」，卻發覺這仍無法趕走他心
　　　中的空洞感

(D)年輕人百無聊賴，想找一件快樂的事和朋友分享，但他赫然發現，自己原來沒有真正心靈契合的友伴

(　　) 9. 下列有關王文興的敘述，何者為是？
　　(A)日曆與最快樂的事皆收錄於王文興的長篇小說家變一書中
　　(B)王文興認為理想的作者，創作的速度應要飛快——約在每小時一千字上下
　　(C)王文興認為理想的讀者，應讀出作者的言外之意，要以「一天三十個字」的極緩速度閱讀
　　(D)就讀臺大外文系時期，王文興曾和同班同學白先勇、歐陽子、陳若曦等人共同創辦、編輯現代文學

(　　)10. 請依日曆與最快樂的事兩篇小說選文為線索進行對照，下列敘述分析合理者為何？
　　(A)以「場景」設定而言，兩篇小說的背景皆是冬季，因天冷容易令人憂鬱
　　(B)以「情節」設定而言，中段皆有事件，導致主角在結尾戲劇化的情緒轉折
　　(C)以「角色」設定而言，兩人皆為大學畢業，剛入社會的年輕男子
　　(D)以「主題」而言，兩篇小說皆寓有「人生苦短，宜惜時進取」之意

二、問答題

1. 在最快樂的事開場：「寒冷的上午，爬進樓下的街，已經好幾句鐘。這個年輕人睜開眼，仰對天花板呆視良久。」讀完此篇小說，你覺得是「寒冷的上午」，讓小說中的年輕人心情煩悶；還是年輕人因為心情煩悶，而覺得這是個分外寒冷寂寥的一日？請自由發揮，言之成理即可。
　　答：

2. 日曆的結尾，原是開朗少年的<u>黃開華</u>，竟伏在桌案上哭泣了起來，請推敲他落淚傷心的原因。

　　答：

十八歲出門遠行

余　華

一、選擇題

（　　）1. 十八歲出門遠行基本上是按照時間順序來敘述的，但何處例外？
(A)走過去看旅店的段落
(B)拆卸汽車的部分
(C)父親讓他出門的段落
(D)在起伏山路上行走的部分

（　　）2. 請問貫串全篇小說，與離家遠行最相關的內容是什麼？
(A)尋找汽車　　　(B)尋找旅店
(C)搶奪蘋果　　　(D)思念朋友

（　　）3. 十八歲出門遠行開頭的部分，形容「馬路像是貼在海浪上」的原因何在？
(A)這段山路靠海
(B)山路起伏不止，就如波濤上下奔騰
(C)作者家鄉臨海，對海最為熟悉
(D)海浪中倒映著遠處山巒起伏

（　　）4. 十八歲出門遠行將汽車擬人化，於是斜斜翹起的「車頭蓋子」就像是什麼？
(A)天庭飽滿的額頭　　　(B)黑白分明的眼珠
(C)掛在臉上的鼻子　　　(D)翻起的嘴唇

（　　）5. 十八歲出門遠行的主人公，為何面對陌生的旅途，仍舊不乏親切感？
(A)對著山與雲，聯想起熟悉的人
(B)稱呼司機為老鄉
(C)家鄉盛產蘋果
(D)家鄉也是山路綿延

（　　）6. 請問小說中「腦袋的地方長出了一個旅店」的意義為何？
(A)滿腦子都想著旅店　　　　　(B)只要心安，到處皆可安身
(C)只要冥想，願望就能實現　　(D)旅店就在這裡

( ) 7. 十八歲出門遠行一文中，主人公如何形容滿車蘋果傾瀉而出的狀態？
(A)像是傷心的眼淚一樣流
(B)像我的鼻血一樣流了出來
(C)蘋果已經滿地滾了
(D)所有人都像蛤蟆似地蹲著撿蘋果

( ) 8. 十八歲出門遠行一文中，主人公最終的旅店是汽車，這部汽車與他竟有部分相像之處，以下敘述何者**不屬之**？
(A)遍體鱗傷　　　(B)渾身冰涼
(C)心窩暖和　　　(D)飢餓難耐

( ) 9. 十八歲出門遠行最終以什麼來表示主人公真的遠行，與家的關係幾乎斷絕了？
(A)汽車司機離去　　　(B)躺在汽車裡過夜
(C)紅色背包被搶走　　　(D)汽車只剩下座椅

( )10. 請問十八歲出門遠行書寫主人公一次遠行的經歷，表達的主題意涵為何？
(A)貪得無厭的百姓　　　(B)狡詐偽善的個體戶
(C)荒誕不經的社會　　　(D)少年成長的興奮與挫折

二、問答題

1. 請問十八歲出門遠行以第幾人稱來敘事？選擇此一人稱的書寫特色為何？
答：

2. 請問十八歲出門遠行如何呈現年輕人純真的正義感？
答：

想我眷村的兄弟們 朱天心

一、選擇題

( ) 1. 請問<u>朱天心</u>為何對記憶與認同的相關問題特別敏銳？
(A)老靈魂總是忘不了過去的事
(B)外省第二代的身分
(C)讀歷史系的訓練
(D)以多元題材來豐富小說內容

( ) 2. <u>想我眷村的兄弟們</u>一文中所謂的「眷村」，是特指哪種職業的眷屬所居住的村落？
(A)糖廠　　(B)郵政　　(C)軍人　　(D)公務員

( ) 3. 請問<u>想我眷村的兄弟們</u>是從哪個人物的故事開始敘述？
(A)渾身汗臭的男孩
(B)愛看電影的小男生
(C)喜歡茉莉香片的女孩
(D)青春期的大女孩

( ) 4. 請問<u>想我眷村的兄弟們</u>如何呈現眷村曾經有過的集體意志？
(A)每個眷村都合力供養一位老×
(B)每個村子都有<u>小玲</u>
(C)本村全體支援×號候選人×××
(D)只要是眷村男孩就好

( ) 5. <u>想我眷村的兄弟們</u>如何呈現眷村包羅來自大江南北的居民？
(A)媽媽們的類型因軍種而異
(B)中飯吃得太飽所發自肺腑打的嗝味兒
(C)媽媽們比什麼人都早的知道回不去了
(D)言談間「以國家興亡為己任」的濃濃眷村味兒

( ) 6. 下列哪一個節日，使眷村的孩子們總是覺得父母變得好奇怪？
(A)過年　　(B)清明節
(C)中元節　(D)中秋節

(　　)7. 眷村居民在早些年是「沒有把臺灣這塊土地視為此生落腳處的」，背後原因甚多，下列何者與此**無關**？
(A)語言不通，飲食風俗不同，頗感陌生與隔閡
(B)沒有親人死去的土地，是無法叫做家鄉的
(C)來臺多年始終無法獲得溫飽，總是有一頓沒一頓的
(D)在大陸曾經有過輝煌經歷，不甘願落腳在這小島上終老

(　　)8. 想我眷村的兄弟們中的「她」，在認識了一大堆本省男孩子後，迷惑於他們什麼樣的特質，而這是在眷村兄弟姊妹身上所沒有的？
(A)篤定　　(B)憨厚　　(C)純樸　　(D)打拚

(　　)9. 想我眷村的兄弟們中，以哪種動物來比喻眷村居民同時面對「你們外省人／臺胞」這兩種稱呼時，無可歸屬的徘徊？
(A)烏鴉　　(B)青蛙
(C)孤狸　　(D)蝙蝠

(　　)10. 請問以下哪位文藝圈的名人，**不是**在眷村中成長的？
(A)林懷民　　(B)朱天心
(C)張大春　　(D)張曉風

二、問答題

1. 請問想我眷村的兄弟們小說中所提到的「眷村居民面對變遷的社會，特別需要做調適」的原因何在？
答：

2. 請問想我眷村的兄弟們最後的人物速寫，與全篇小說的題旨、寫作手法，有何關聯？
答：

花　季　　　　　李　昂

一、選擇題

（　　）1. 請問本篇小說的「花季」，實際上是發生在哪個季節？
(A)春季　　(B)夏季
(C)秋季　　(D)冬季

（　　）2. 小說中的女學生「我」去買樹，下列哪個選項的說明**不是**她的心情與動機？
(A)她覺得年輕該是一個美妙花季，該有一些有趣或浪漫的活動
(B)冬日陽光照滿院子，觸動了敏感的心靈，於是她想逃課去過一個不同尋常的日子
(C)不喜歡數學課的公式講解和演算，於是趁著老師講課不注意，從教室溜出校外採買花樹
(D)畫本裡的王子公主，站在綴著風鈴的樹旁，尋得一生的幸福，她至少想擁有畫冊上的物件之一：一棵樹

（　　）3. 「車子滑過平坦的柏油路，漸向郊區行進，我仰著頭，讓十二月的寒風吹拂著我的額頭，揚起我的髮絲。我自覺這是一個美妙的姿勢，而總該有一雙美麗的黑眼睛在遠處深深的凝望著我的，我墜入我為自己編的黑眼睛的故事裡。」請問在這段引文中的「黑眼睛」所代表的對象可能為何？
(A)學校的師長
(B)鬼怪的精靈
(C)熟識的鄰人
(D)陌生的仰慕者

（　　）4. 下列有關小說中「花匠」角色的描述，何者正確？
(A)騎著一輛乾淨的三輪車
(B)臉龐肌膚被太陽晒成黝黑色
(C)是被不貞妻子拋棄的落魄讀書人
(D)眼神總是邪惡、不懷好意的打量著女學生

( ) 5. 小說情節中，女學生「向花匠買樹」的心情變化應為下列何者？
(A)期待──不安──失落
(B)不安──失落──期待
(C)失落──不安──期待
(D)期待──失落──不安

( ) 6. 下列有關本文詞語的音、義解釋，何者正確？
(A)園「圃」，音ㄆㄨˇ，種植蔬菜、花卉或瓜果的園地
(B)荒「塚」，音ㄓㄨㄥˇ，墳墓，同「種」
(C)「詭」笑，音ㄍㄨㄟˇ，害羞、安靜的
(D)「佇」留，音ㄓㄨˇ，久立、等待

( ) 7. 「一切竟是這樣的無趣，什麼也沒有發生，但我是否真正渴望發生一
些事情，我自己也不清楚。」有關此段引文的詮釋，何者為是？
(A)「什麼也沒有發生」在此處「什麼」指被父母老師發現，痛罵一頓
(B)「但我是否真正渴望發生一些事情」是因為女主角覺得自己還沒有
做好體能訓練來面對挑戰而猶疑
(C)這段話可與小說中：「不是平穩的無聊，而是刺激的，異於平常那
種只能坐著等唯一的電影院換片的空漠生活」相呼應
(D)對女主角來說，感覺無趣是因為原來她買到的聖誕樹，不如童話書
上的裝飾美麗

( ) 8. 小說開始的場景，女學生因為冬天遲升的太陽而有了一種浪漫的感動
。她的心情是：「我再在院中待了一會，陽光□□的爬在背上，透過
薄毛衣□□的撫著我，我在全然的舒弛下□□的旋轉起來。」引文中
□□皆為疊字詞，請選出正確依序填入的選項。
(A)冷冷／緩緩／柔柔
(B)冷冷／刺刺／慢慢
(C)暖暖／細細／輕輕
(D)暖暖／輕輕／細細

( ) 9. 「日光之下並無新鮮事」可用以詮釋李昂花季小說中女學生對生活的
感受。請問下列何者最可能是小說中女主角「我」的新鮮事？
(A)充滿熟人的鄉里　　　(B)父母老師的叮嚀
(C)小說店買的翻譯小說　(D)裝飾華麗閃亮的耶誕樹

（　　）10.下列有關李昂的敘述，何者為是？

(A)筆名「李昂」由父親姓氏「李」，和昂首挺胸的「昂」共組，代表傳承藝文家族的驕傲傳統

(B)李昂，本名施叔端，彰化鹿港人。四姊施淑女是文學教授，五姊施淑青亦是著名作家，家中三姊妹俱為臺灣文學界著名的才女

(C)和其他閨秀女作家一樣，李昂下筆婉轉柔美，多書寫現代女性追求自由戀愛的浪漫愛情故事，少觸及性心理的描寫

(D)代表作有殺夫、秧歌、紅玫瑰與白玫瑰、鹿港故事等小說，被翻譯成多國語言，是備受國際矚目的臺灣小說家

二、問答題

1. 本篇小說的題目為花季，讀完後請試著詮釋，對小說中的女主角而言，「花季」象徵著什麼？

答：

2. 小說的結尾，作者形容女主角的腳步：「拉著小樹，我懶懶的拖著腳，一步慢似一步。」請詮釋她的心情。

答：

紅玫瑰與白玫塊

張愛玲

一、選擇題

( ) 1. 下列選項的文句，何者用字完全正確？
　　(A)晦暗的醬黃臉，戴著黑邊眼鏡，眉眼五官的詳情也看不出所以然來。但那模樣是屹然；說話，如果不是笑話的時候，也是斷然
　　(B)愛丁堡的中國女人本就寥寥可數，內地來的兩個女同學，他嫌過於衿持做作，教會派的又太教會派了
　　(C)聞名不如見面，她那肥皂塑就的白頭髮底下的臉是金棕色的，皮肉緊緻，蹦得油光水滑，把眼睛像伶人似的吊了起來
　　(D)無論何時，只要生死關頭，深的暗的所在，那時候只能有一個真心愛的妻，或者就是寂寞的。振保並沒有分明地這樣想著，只覺得一陣悽惶

( ) 2. 下列選項「　」中的字，何者讀音正確？
　　(A)「撅」下去：ㄑㄧㄣ
　　(B)「瞟」了他一眼：ㄆㄧㄠˇ
　　(C)「揩」了一揩：ㄎㄞˇ
　　(D)「熠」熠有光：ㄓㄜˊ

( ) 3. 「振保抱著毛巾立在門外，看著浴室裡強烈的燈光照耀下，滿地滾的亂頭髮，心裡煩惱著。他喜歡的是熱的女人，放浪一點的，娶不得的女人。這裡的一個已經做了太太，而且是朋友的太太，至少沒有危險了，然而……看她的頭髮！到處都是——到處都是她，牽牽絆絆的。」關於上段引文的敘述，何者正確？
　　(A)振保是一個在情感上和個人衛生上都有潔癖的人，見不得別人的太太掉了一地的亂髮
　　(B)振保喜歡放浪的女人，但對朋友的太太一點興趣也沒有
　　(C)振保已經開始計畫要如何將朋友的太太據為己有
　　(D)不知不覺中，振保已經被嬌蕊吸引，雖然理智告訴他，她是朋友的太太

（　　）4. 「初見面，在人家的客廳裡，她立在玻璃門邊，穿著灰地橙紅條子的綢衫，可是給人的第一個印象是籠統的白。」此段文字是用來形容小說中的哪一個人物？
(A)玫瑰　　　　(B)嬌蕊
(C)艾許小姐　　(D)烟鸝

（　　）5. 振保捨棄了玫瑰和嬌蕊，最後選擇了烟鸝，原因為何？
(A)振保不是一個喜歡在外面花天酒地的男人，在情感上他需要一個安定的依靠
(B)振保忠於自己的感情，他沒辦法愛自己不愛的人
(C)振保活在自己一手創造、苦心經營的世界裡，在其中他事業成功、家庭美滿，而玫瑰和嬌蕊不是傳統社會中妻子的理想典型
(D)因為玫瑰和嬌蕊都是別人的妻子，振保沒有辦法背負第三者的罪名

（　　）6. 下列選項，何者寫出振保被嬌蕊所吸引？
(A)她在黑蕾絲紗底下穿著紅襯裙。他喜歡紅色的內衣。沒想到這地方也有這等女人，也有小旅館
(B)他開著自來水龍頭，水不甚熱，可是樓底下的鍋爐一定在燒著，微溫的水裡就像有一根熱的芯子。龍頭裡掛下一股水一扭一扭流下來，一寸寸都是活的
(C)她是細高身量，一直線下去，僅在有無間的一點波折是在那幼小的乳的尖端，和那突出的胯骨上。風迎面吹來，衣裳朝後飛著，越顯得人的單薄
(D)她提著袴子，彎著腰，正要站起身，頭髮從臉上直披下來，已經換了白地小花睡衣，短衫摟得高高地，一半壓在額下，睡袴臃腫地堆在腳面上，中間露出長長一截白蠶似的身軀

（　　）7. 文末，「第二天起床，振保改過自新，又變了個好人」的原因何在？
(A)振保沒有辦法對感情真誠熱烈，亦沒有辦法對現實放棄抵抗，所以只好走向妥協的路，回到他一手打造的世界裡
(B)振保是個善良沒有個性的人，對於生活中的妻子以及親友，他都不忍心傷害
(C)振保因為曾和朋友的妻子外遇，因此他願意原諒烟鸝的不忠
(D)振保是一個勇於認錯的人，因此他反省自己，並改過自新

（　）8. 下列文句，何者可見嬌蕊略帶點稚氣的個性？
　　　　(A)振保兄弟和她初次見面，她做主人的並不曾換件衣服下桌子吃飯，依然穿著方才那件浴衣，頭上頭髮沒有乾透，胡亂纏了一條白手巾，毛巾底下間或滴下水來，亮晶晶綴在眉心
　　　　(B)嬌蕊從茶杯口上凝視著他，抵著嘴一笑道：「你知道我為什麼支使你？要是我自己，也許一下意志堅強起來，塌得極薄極薄。可是你，我知道你不好意思給我塌得太少的！」
　　　　(C)她一隻手拿起聽筒，一隻手伸到脅下去扣那小金桃核鈕子，扣了一會，也並沒扣上
　　　　(D)嬌蕊並不生氣，側過頭去想了一想，道：「是的，年紀輕，長得好看的時候，大約無論到社會上去做什麼事，碰到的總是男人。可是到後來，除了男人之外總還有別的……總還有別的……」

（　）9. 多年後，振保在公車上遇到嬌蕊的情景，下列敘述何者正確？
　　　　(A)嬌蕊未與王士洪離婚，仍與他過著幸福的生活
　　　　(B)嬌蕊離婚後並未再嫁，一個人過著獨立自主的生活
　　　　(C)嬌蕊見到振保後，往日的戀情、當年被振保拋棄的記憶，一幕幕湧上心頭，傷心而不能自已
　　　　(D)看到嬌蕊忠於自我、過得幸福，振保留下難堪妒忌、失敗的眼淚

（　）10. 下列關於張愛玲的敘述，何者**錯誤**？
　　　　(A)張愛玲是個早慧的作家，受到周瘦鵑的賞識，成名甚早
　　　　(B)張愛玲的書寫，明顯受到紅樓夢的影響
　　　　(C)筆調華麗、蒼涼，將人性的幽微、情感的糾葛書寫得細膩深刻
　　　　(D)著有水問、傾城之戀、金鎖記等著名的小說

二、問答題

1. 試分析紅玫瑰嬌蕊的個性以及她吸引人之處？
　　答：

2. 試分析白玫瑰烟鸝的個性及形象。

　　答：

自己的天空　　　袁瓊瓊

一、選擇題

（　　）1. 請問什麼是<u>自己的天空</u>認為女人擁有「自己的天空」的根本條件？
(A)有老公小孩　　(B)有好的廚藝
(C)有漂亮容貌　　(D)有自信快樂

（　　）2. <u>袁瓊瓊</u>在<u>自己的天空</u>的場景設計上有首尾呼應的安排，請問本篇小說中，開頭和結尾的共同場景是：
(A)自家客廳　　(B)澡堂浴室
(C)餐廳廚房　　(D)計程車

（　　）3. 小說中有「迸了朵笑」的描寫，以花的量詞一「朵」，將抽象的「笑」予以形象化，用以強化女子笑容的可愛。下列哪個選項所運用的修辭手法，與之相同？
(A)包一片月光回去（<u>余光中滿月下</u>）
(B)山巒靜靜的睡了（<u>楊喚夏夜</u>）
(C)粉紅的海棠，含著幸福的微笑（<u>謝冰瑩愛晚亭</u>）
(D)石碑立在山坡上，無限哀愁地凝視著路過的行人（<u>蔣夢麟西潮</u>）

（　　）4. 年輕的小叔<u>良七</u>，在婚變後常去找<u>靜敏</u>，於是小說中有一段情節，即是描述兩人略有曖昧的互動。下列有關此段<u>靜敏</u>心情、表情的敘述，搭配正確的選項是：
(A)<u>良七</u>說是。不知為甚麼要答的這樣正式。<u>靜敏</u>光是想□，以前接觸<u>良七</u>時，他還是個橫頭橫腦的小男孩──哭
(B)<u>良七</u>正凝定的看她，憋住甚麼的神氣，眼睛裡汪汪亮亮的，<u>靜敏</u>情不自禁的□□起來，她偏臉問：「好不好嘛！」──愛嬌
(C)「你一直看我。」她（<u>靜敏</u>）把臉板起來，作□□狀。<u>良七</u>是她看著長大的，她不怕他──心亂
(D)<u>靜敏</u>在鏡子裡望他，突然的有點□□。<u>良七</u>那清楚的五官，也許是照在鏡子裡，異常的明亮，他的下巴是狹狹削過來的，極平滑的輪線，很漂亮──潑辣

（　）5. 根據小說中的描述，請判別下列選項，何者最可能是靜敏把店頂讓出去後，選擇做保險生意的原因？
(A)只有這個工作好找
(B)她知道自己的個性喜愛交際
(C)想趁著做保險業務認識新男人
(D)姊妹淘劉汾是保險業務前輩，想拉她進公司

（　）6. 下列關於靜敏初聞婚變的心理反應描述，何者**為非**？
(A)她開始有一點點恨丈夫良三
(B)她發現自己一直是為良三打扮的
(C)忽然發現，不要他作丈夫，就覺得這個人真是可愛
(D)覺得總之是自己無能，不怪人家要來用張舊報紙樣的甩掉自己

（　）7. 當靜敏與前夫重逢，她發現「現在的自己和過去的自己許多差異」。下列選項中，哪個是靜敏「現在的自己」？
(A)灰暗低調
(B)安靜溫順
(C)自主把握
(D)安分守己

（　）8. 小說中靜敏如何看待那位良三的新妻子？
(A)覺得那女子相貌醜陋，不明白為何良三為了她拋棄自己
(B)靜敏在那女子面前覺得抬不起頭，只好謊稱自己結了婚、生了小孩
(C)靜敏感覺自己現在比過去好，因為那個女人，她才過著另一種生活
(D)靜敏覺得她看見了完完全全的另一個自己，被胡調了一下也隨時要哭的模樣

（　）9. 下列有關自己的天空的敘述，下列何者正確？
(A)自己的天空描寫一位掙扎於想要婚姻保障，又想要掙脫婚姻桎梏的女子
(B)小說中的女主角因為外遇陰影揮之不去，遇到真愛也不敢跨出步伐，退縮不前
(C)本篇小說受到前輩作家魯迅的欣賞，更以「人情練達即文章」點評該作，予以肯定
(D)自己的天空中描寫尋求獨立自主的女子，為當時保守社會激起一波浪濤，以女性主義文學之姿，贏得眾文評家之讚賞

( )10. 小說的結尾處，女主角與前夫在友人餐館相逢，她謊稱自己生了兒子。由這樣的結尾，你認為袁瓊瓊寫作此篇小說時的社會風氣，最接近下列哪個選項？

(A)非常封閉保守的傳統封建社會

(B)可看出女性仍受到一些性別意識型態的壓力

(C)女性完全不受到性別刻板印象的束縛影響

(D)社會風氣敗壞、道德淪喪，人們習慣互相撒謊，再也沒有人可以相信

二、問答題

1. 小說最後女主角與前夫在餐館相逢時，她謊稱自己生了兒子。請以小說中角色設計、互動的角度，詮釋女主角這麼做的原因。也請你分享一下，作為一個讀者，你喜歡這個情節安排嗎？為什麼？

答：

2. 「可是她現在不同了，她現在是個自主、有把握的女人。」這是小說自己的天空的結尾。你認為，現代社會中的女性擁有「自己的天空」了嗎？為什麼？

答：

遊園驚夢

白先勇

一、選擇題

（　）1. 遊園驚夢的今昔之筆，是對比南京、臺北發生的事件，請問以下哪一
場景不在南京？
(A)得月臺　　(B)竇公館　　(C)梅園新村　　(D)夫子廟

（　）2. 小說遊園驚夢中人物眾多，請問以下哪一人物只出現在臺北竇夫人的
宴會，不曾出現在南京錢夫人的宴會中？
(A)徐太太　　(B)錢鵬志　　(C)錢夫人　　(D)鄭彥青

（　）3. 請問「錢夫人」與「月月紅」之間的關係，恰如「竇夫人」與誰之間
的關係？
(A)天辣椒　　(B)竇瑞生　　(C)藍田玉　　(D)瞎子師娘

（　）4. 如果根據「錢夫人」與「鄭彥青」之間的關係，再現對應到竇夫人身
上，小說中雖然沒有明言，但可推知暗示的應為誰？
(A)錢鵬志　　(B)余參軍長　　(C)程參謀　　(D)劉副官

（　）5. 遊園驚夢中，錢夫人所謂的「只活過一次」，指的是什麼？
(A)被錢鵬志將軍明公正道迎回去做填房夫人
(B)您這段【皂羅袍】便是梅蘭芳也不能過的
(C)與鄭彥青騎馬奔馳的繾綣回憶
(D)梅園新村錢夫人宴客的款式怕不噪反了整個南京城

（　）6. 在竇夫人的宴會上，蔣碧月趁著幾分酒意，唱起哪一齣戲，引得滿座
笑聲不絕？
(A)霸王別姬　　(B)遊園驚夢
(C)洛神　　　　(D)貴妃醉酒

（　）7. 小說遊園驚夢在開頭描述的竇公館場景，哪一樣可謂暗合女主人的名
字？
(A)幾叢棕櫚樹　　　(B)一圈椰子樹
(C)一陣桂花的濃香　　(D)一套景泰藍的瓶

（　　）8. 錢夫人對大陸的一切難以忘懷，認為那些美好與精緻，是臺灣比不上的，以下何者屬之？
　　　　(A)你一個人住在南部那種地方有多冷清呢
　　　　(B)臺灣的衣料粗糙，光澤扎眼，尤其是絲綢，哪裡及得上大陸貨那麼細緻，那麼柔熟
　　　　(C)在南京那時，桂枝香可沒有這般風光
　　　　(D)沒想到真正從紹興辦來的那些陳年花雕也那麼傷人

（　　）9. 從何處可知錢夫人「活在過去」，趕不上流行？
　　　　(A)住在南部，難得有好戲
　　　　(B)後悔沒有聽從裁縫師傅，回頭穿了這身長旗袍站出去，不曉得還登不登樣
　　　　(C)來到臺灣我還是頭一次吃到這麼講究的魚翅呢
　　　　(D)程參謀那雙細長的眼睛，好像把人都罩住了似的

（　　）10.「人生如夢」也是這篇小說的主題之一，請問下列何者**不符合**？
　　　　(A)藉著貴妃醉酒唱出「人生在世如春夢」
　　　　(B)引述的主要內容遊園驚夢本身就有一場夢境
　　　　(C)洛神縹渺，洛川上偶然相見隨即分別，彷彿是場夢
　　　　(D)榮華富貴你是享定了，藍田玉，只可惜你長錯了一根骨頭，也是你前世的冤孽

二、問答題

1. 遊園驚夢最廣為傳頌的文句為「原來奼紫嫣紅開遍，似這般都付與斷井頹垣」，請問這是將哪兩種景致並列在一起，遂呈現出濃厚的感傷情緒？
　　答：

2. 遊園驚夢本是明代戲劇牡丹亭中的一齣，白先勇取為小說篇名的原因何在？
　　答：

惹　事　　　　　　　　　　賴　和

一、選擇題

（　　）1. 請問以下哪一個稱呼與賴和**無關**？
　　　　(A)臺灣新文學之父　　　(B)倒在血泊裡的筆耕者
　　　　(C)臺灣的魯迅　　　　　(D)彰化媽祖

（　　）2. 賴和的作品雖以昂揚的抗議精神著稱，但下列哪一部作品卻充滿沉痛的悲哀？
　　　　(A)覺悟下的犧牲　　　(B)南國哀歌
　　　　(C)一桿「稱仔」　　　(D)獄中日記

（　　）3. 請問賴和惹事中的「鱸鰻」是什麼意思？
　　　　(A)不妥協的特質　　(B)浪漫多情　　(C)蠻橫而不講理　　(D)羅曼蒂克

（　　）4. 請問惹事之中，主人公豐惹出的第一個事件是什麼？
　　　　(A)聚眾抗爭　　(B)將釣魚場主人的小孩推入池中
　　　　(C)考試作弊　　(D)打麻將輸錢卻不認帳

（　　）5. 請問惹事之中，主人公豐惹出的第二個事件是什麼？
　　　　(A)得罪甲長及保正
　　　　(B)偷採農田的蔬菜
　　　　(C)當著眾人之面，暴露警察的惡形惡狀
　　　　(D)不告而別，離家北上

（　　）6. 請問第二個事件是由什麼引起？
　　　　(A)釣魚池的汙水　　　(B)出門洗衣服的寡婦
　　　　(C)被雞啄食的菜葉　　(D)警察大人的母雞

（　　）7. 惹事第二部分的敘事，起初為第三人稱，但從哪一句話開始，轉為第一人稱敘事？
　　　　(A)我也被這呼聲喚出門外
　　　　(B)我問著在門前談論的厝邊
　　　　(C)我因為覺得奇怪，就走進廳裡看看是什麼樣
　　　　(D)這些回想，愈增添我的憎惡

（　　　）8. 請問保正為何要在主人公豐第二次惹事後，詢問他昨晚是否飲過酒？
　　　　(A)擔心他飲酒傷身
　　　　(B)覺得他宿醉未醒
　　　　(C)如果真是飲酒，就好在警察面前致歉彌縫
　　　　(D)如果真是飲酒，就勸戒他不宜仗著酒意胡言亂語

（　　　）9. 請問主人公豐每次惹事後，都如何收拾後果？
　　　　(A)親自登門賠禮
　　　　(B)一走了之
　　　　(C)繼續與來者理論
　　　　(D)找第三者仲裁評理

（　　　）10. 惹事主要抗議的對象，與其他日治時期小說不同，乃在抗議何種人？
　　　　(A)膽小怕事的鄉民
　　　　(B)作威作福的警察
　　　　(C)仗勢欺人的保正
　　　　(D)惹事生非的豐

二、問答題

1. 請舉出惹事中以大量譬喻寫成的「博喻」段落，並說明其譬喻的內涵。
　　答：

2. 請問惹事分為兩個短篇，就塑造人物而言，有何作用？
　　答：

植有木瓜樹的小鎮　　　龍瑛宗

一、選擇題

（　　）1. 下列選項，何者用字完全正確？
　　　　(A)被製糖會社經營的五分仔車搖晃了將近兩個小時，步出小車站，便被赫赫的陽光刺得眼睛都要發痛似地暈炫。街道靜悄悄地，不見人影
　　　　(B)金崎會計好像在臺灣住了很久，權骨曬得赭黑而突出，蓄著小鬍子
　　　　(C)這些書裡所描寫的人物，都是出身貧困、卑賤，經過任何的荊棘之道，才積成巨萬之富，或成為社會的木鐸，貢獻於人類福祉
　　　　(D)曾看到街上的老儒學先生，經常愕愕而論孔子之言行，但為了貧窮而詐欺他人，結果雙手被縛於後，悄然被帶走

（　　）2. 下列選項「　　」中的字，何者讀音正確？
　　　　(A)「傴」僂：ㄎㄡˋ
　　　　(B)「嘵」舌：ㄇㄠˊ
　　　　(C)「懾」服：ㄕㄜˋ
　　　　(D)「頷」首：ㄏㄢˋ

（　　）3. 陳有三常穿和服，並且使用日語，其原因何在？
　　　　(A)為了表現滑稽的姿態
　　　　(B)認定自己是不同於同族的存在
　　　　(C)迫於日本上司的要求
　　　　(D)為了諷刺時人一味崇日的風潮

（　　）4. 最初來到這個植有木瓜樹的小鎮時，陳有三的內心懷抱著什麼樣的想法？
　　　　(A)陳有三懷抱著理想與上進的心
　　　　(B)陳有三希望將來可以考取教師甄試，然後成為一位老師
　　　　(C)陳有三希望能融入當地的生活，因此和同事們上酒家尋樂
　　　　(D)陳有三孤僻且特立獨行，不想與同事們打成一片

( ) 5. 在陳有三心中，對臺灣同胞的看法為何？
　　(A)他們努力工作，奮發向上，勇於和現實生活抗爭
　　(B)他們吝嗇、無教養、低俗而骯髒
　　(C)他們和日本人一樣，虛有其表，浮華不實
　　(D)他們忍辱負重，為了抗日而努力

( ) 6. 「濛濛混濁的吵雜聲中，有的蹲下來買半角錢的蕎麥，拚命扒進嘴裡；有的端一杯白酒，像煮熟而朦朧的眼睛陶然自得；有的蹲在長椅上，一邊吸著鼻涕，一邊鼓腮咬著豚肉片。」關於上列文句，何者敘述正確？
　　(A)寫中午的市場，人們滿足於原始的口腹之欲
　　(B)由此可見小鎮的落後與貧窮
　　(C)由此可見小鎮的熱鬧與發達
　　(D)文中充滿了對臺灣人的歧視

( ) 7. 林杏南為什麼拒絕陳有三的提親？
　　(A)因為林杏南了解陳有三的個性，覺得女兒不適合他
　　(B)因為林杏南的女兒不喜歡陳有三
　　(C)因為林杏南必須把女兒嫁給富豪以改善家中的經濟
　　(D)因為林杏南不能接受陳有三在家鄉已經有女朋友

( ) 8. 下列關於植有木瓜樹的小鎮的敘述，何者**錯誤**？
　　(A)陳有三的身邊，不是善於巴結的奴才，就是被生活壓得喘不過氣來的可憐人
　　(B)文中的主角們居住在不見光明的小房子裡，前途一片黑暗，這正是身處殖民地的知識分子看不見光明未來的寫照
　　(C)文中的主角對於現實生活不滿，卻無法與體制對抗，最後只好隨波逐流
　　(D)細究陳有三墮落的原因，在於愛情的失敗，這亦是文章所要表達的主題

( ) 9. 植有木瓜樹的小鎮中，表現出知識分子什麼樣的心境？
　　(A)積極進取　　(B)徬徨苦悶
　　(C)純真善良　　(D)膽小內斂

（　　）10. 下列關於龍瑛宗的敘述，何者**錯誤**？

(A)其創作以中文為主，日文為輔，亦有使用客語創作者

(B)其作品表現出市民心靈的頹唐，以及生活的抑鬱

(C)作品以知識分子的角度，探討庶民的內心世界

(D)作品寫出了人們對生活的懷疑、苦悶、頹廢及對現實的不滿

二、問答題

1. 植有木瓜樹的小鎮中，懷抱著理想的青年們後來的下場如何？

答：

2. 龍瑛宗的作品與賴和、楊逵等高唱民族意識、抵抗精神的作品有何不同？

答：

兒子的大玩偶

黃春明

一、選擇題

（　）1. 請問下列何者**不是**黃春明小說中經常出現的人物？
(A)小孩　　(B)妓女　　(C)商人　　(D)老人

（　）2. 請問小鎮將「三明治人」稱為什麼？
(A)做戲的　　(B)廣告的　　(C)做田的　　(D)賣臉的

（　）3. 請問若不計回憶的部分，兒子的大玩偶敘述的時間橫跨了多久？
(A)一年　　(B)一季　　(C)一週　　(D)一天

（　）4. 請問坤樹面對眾人的嘲笑、工作的艱苦，每天還有勇氣出門做廣告的主要原因何在？
(A)這份工作使他有了阿龍，有了阿龍凡事就可忍耐
(B)阿珠流淚求他出門工作
(C)穿街走巷才能跟阿珠報告新聞
(D)沒有錢就無法還債

（　）5. 請問坤樹如何打發一整天在街上行走的枯燥光陰？
(A)回想往事　　(B)哼唱歌曲
(C)與人交談　　(D)做白日夢

（　）6. 請問阿珠除了張羅家務，也做什麼來貼補家用？
(A)替人打掃　　(B)替人縫補
(C)替人做飯　　(D)替人洗衣

（　）7. 小說中有很長的篇幅描述坤樹與阿珠前一晚口角之後，隔天忐忑不安的情緒。在坤樹這一方，是以「阿珠是否泡薑母茶」來貫串，那麼阿珠這一方呢？
(A)到街上去尋找坤樹的蹤跡
(B)不知坤樹是否上街工作
(C)坤樹不吃飯、不喝茶
(D)阿龍哭鬧不休

(   ) 8. 請問以下哪一句話，最適合形容坤樹與阿珠的夫妻關係？
　　　　(A)情話綿綿日日好　　(B)愛在心頭口難開
　　　　(C)夫妻冷戰乾瞪眼　　(D)貧賤夫妻百事哀

(   ) 9. 請問坤樹後來為何不再需要天天化妝出門？
　　　　(A)改以三輪車宣傳
　　　　(B)因宣傳無效，被經理辭退
　　　　(C)覓得新工作，不需上街宣傳
　　　　(D)發現即使不化妝，宣傳一樣有效

(   ) 10. 請問從何處可以看出坤樹感念舊情的本性？
　　　　(A)坤樹承諾讓阿珠把孩子生下來
　　　　(B)對取笑他不認識字的公所職員，笑臉相待
　　　　(C)即使金池伯要把三輪車頂給他們，坤樹卻無法忘記當初戲院經理及
　　　　　　時給他一份差事的恩情
　　　　(D)大伯仔罵他沒出息，坤樹一氣之下切斷親戚關係

二、問答題

1. 兒子的大玩偶的主要內容乃是描繪坤樹為生活奔忙的故事，何以命名為「兒子的大玩偶」？
　　答：

2. 請舉出一個小說中用來形容天氣酷熱的精采文句，並分析其特點。
　　答：

最後的獵人　拓拔斯・塔瑪匹瑪

一、選擇題

（　　）1. 請問帕蘇拉滿懷怨憤，甚至咒罵祖先的原因為何？
(A)天寒地凍　　(B)獵物太少
(C)無故流產　　(D)毛衣破舊

（　　）2. 請問陪伴比雅日入山打獵的飲料是什麼？
(A)高粱酒　　(B)米酒
(C)礦泉水　　(D)提神飲料

（　　）3. 獵人路卡這一趟上山，帶回家給孩子吃的獵物是什麼？
(A)飛鼠　　(B)山羊　　(C)山豬　　(D)松鼠

（　　）4. 依文中所言，比雅日如果有個孩子，他會為他取什麼名字？
(A)比雅日　　(B)帕蘇拉
(C)拓跋斯　　(D)搭斯卡比那日

（　　）5. 請問布農族訓練年輕獵人的祭典為何？
(A)打耳祭　　(B)矮靈祭
(C)豐年祭　　(D)飛魚祭

（　　）6. 請問比雅日最初是怎麼注意到大山羌的？
(A)聞到氣味　　(B)看到尾巴
(C)聽到聲響　　(D)看到足跡

（　　）7. 請問比雅日獲准帶回家的獵物是什麼？
(A)山羌　　(B)山羊　　(C)狐狸　　(D)飛鼠

（　　）8. 請問比雅日跟路卡捕獲獵物甚少的原因是什麼？
(A)難得狩獵一次，技巧生疏
(B)天氣嚴寒，野獸冬眠未起
(C)野獸機警敏銳，不易掉入陷阱
(D)森林資源日益枯竭

（　　）9. 請問下列何者**不屬於**布農族的傳說、習俗？
　　　　(A)改個名重新做人吧，不要再叫獵人
　　　　(B)出發打獵之前，要有「巴哈玉」
　　　　(C)射殺紅鳩會破壞獵人的運氣
　　　　(D)走向上坡的獵人應該分塊肉給下坡的獵人

（　　）10.「他被強光驚醒，以為是螞蟻爬上眼睫毛」乃是以觸覺來寫視覺，請
　　　　問這種修辭方式稱為什麼？
　　　　(A)象徵　　(B)移覺
　　　　(C)示現　　(D)轉化

二、問答題

1. 本篇小說的主要內容，乃是比雅日某一次上山打獵的經驗，但題目何以訂為
　「最後的獵人」？
　答：

2. 打獵在布農族的傳統中，絕不僅是獲取獵物及溫飽而已，試說明打獵的其他
　的意涵。
　答：

苦 惱　　　契訶夫

一、選擇題

( )1. 下列何者**不是**苦惱開頭所刻畫的場景？
　　(A)暮色昏暗
　　(B)大片的溼雪飄飛
　　(C)城市裡一片灰色景致
　　(D)北風呼呼吹過荒廢的馬房

( )2. 依照小說文意脈絡，主角姚納所「苦惱」的原因應為何者？
　　(A)喪子的苦惱，與無人可以傾訴的悲涼
　　(B)喪馬的苦惱，與無錢再買拉車馬匹的煩惱
　　(C)姚納感受到俄國將發生社會革命的動盪氣氛而焦慮不安
　　(D)姚納面臨創作靈感的枯竭，不知找什麼材料作為寫作題材

( )3. 如果想摘取一句話來點出全篇小說瀰漫的主題氣氛，下列那個選項最為適合？
　　(A)趕你的車吧
　　(B)這是上帝的旨意呦
　　(C)我向誰去訴說我的悲傷
　　(D)比方說，這個小駒子去世了。……你不是要傷心嗎

( )4. 魯夫讀完整篇小說後，提出了一個問題：為何小說第一段描寫車夫姚納「身子往前傴著，傴到了活人的身子所能傴到的最大限度」，和「一動也不動」的姿態神情，作者的用意為何？請幫他選出回答最佳的同學：
　　(A)娜美：作者欲顯現姚納兒子死後，他內心的哀痛及孤寂的神態
　　(B)喬巴：作者欲顯現姚納馬匹死後，他內心的無助與徬徨的心境
　　(C)香吉士：作者欲顯現姚納年紀已高，拉車對他來說已經是相當吃力的工作
　　(D)騙人布：作者欲顯現乘客故意好多人擠一車，壓榨剝削姚納的工資與體力

（　）5. 小說後段，當姚納餵著馬時，他跟牠說：「整個城市裡，只有你聽了我的事後，唯一流露出有點□□的樣子。」根據你對本篇小說的閱讀理解，□□應為何種情緒？
(A)感傷　　(B)同情
(C)憤怒　　(D)超脫

（　）6. 小說末尾處，作者透過什麼樣的情節，來呈現「人不如馬」的狀況，藉以映襯主角內心的苦痛？
(A)主角的死沒有人在意，但他的馬匹死去至少得到商人的惋惜
(B)主角的苦沒有人願意傾聽、關懷，但他的馬匹至少得到他的關懷
(C)主角的飢餓問題沒有辦法得到解決，他的馬至少還有他準備的糧草飼料吃
(D)主角的家庭問題不知如何處理，而他的馬匹至少可以無憂無慮的工作、休息

（　）7. 以下出自本篇小說的詞語，何組皆為狀聲詞？
(A)哆嗦、熙攘、「吧噠」著嘴
(B)哆嗦、棱棱、「吧噠」著嘴
(C)「吧噠」著嘴、嗦嗦、嘟嘟噥噥
(D)熙熙攘攘、侷促、嘟嘟噥噥

（　）8. 關於本篇小說的敘事人稱觀點與寫作手法，下列何者說明正確？
(A)全文以第一人稱觀點書寫，讓主角的憤世嫉俗明白彰顯
(B)全文以第一人稱觀點書寫，讓主角道出自己的辛酸苦惱
(C)全文以第三人稱觀點書寫，委婉的諷刺了社會的澆薄炎涼
(D)全文以第三人稱觀點書寫，幽默的譏諷了姚納的鄙陋可笑

（　）9. 下列關於契訶夫的相關說明，何者為是？
(A)契訶夫著有數百篇短篇小說、多齣精彩的戲劇，創新了小說和戲劇藝術，影響後世之深，為德國文學史上的重要作家
(B)大人物的不幸與軟弱、上層階級的悲慘，和權貴人們的幸福快樂……等，都是契訶夫關懷的重點
(C)契訶夫的代表作品有異鄉人、看不見的城市和1Q84
(D)契訶夫善於從日常生活中的尋常人事，透過幽默諷刺的情節手法，塑造鮮明的形象，以此來反映當時社會

（　　）10. 請你找出下列選項中，最適宜用來摘要本篇小說的主旨？
　　　　(A)車夫姚納的拉車好伙伴——馬兒生病了，令他擔心苦惱生計，可見
　　　　　　下層社會人物的貧窮
　　　　(B)車夫姚納年紀已高，拉車的動作不若年輕小伙子輕快，乘客的抱怨
　　　　　　令他感傷今非昔比的蒼涼
　　　　(C)車夫姚納在冬天的風雪中，一整日沒有生意上門，他又要度過嚴寒
　　　　　　飢餓的一晚，令讀者同情他的窮苦遭遇
　　　　(D)車夫姚納試著找乘客傾訴喪子苦惱，誰料眾人的反應不是不耐煩，
　　　　　　就是一頓謾罵，揭露出社會下層人物的悲慘命運，以及人們的冷漠
　　　　　　無情

二、問答題

1. 苦惱中車夫姚納的情緒找不到宣洩的出口，但他的馬匹至少得到他的關注。
　 為何作者在小說的結尾要這麼描繪呢？
　 答：

2. 如果你也是個能以筆墨反應社會現實的作家，你會想為哪個社會階層中的小
　 人物發聲？請分享你對這類人物的觀察與關懷。
　 答：

小人物有苦難言之謎

狂人日記　　　　　　魯　迅

一、選擇題

（　　）1. 下列有關狂人日記架構的說明，何者正確？
(A)本篇小說的敘事者僅一人，即是「狂人」
(B)本文是五四以來新文學的代表作，全篇以白話文書寫而成
(C)狂人的「被害狂」，是懼怕還要回頭去看舊時代滿紙「仁義道德」的古書
(D)故事主線為「吃人」，情節的起承轉合皆扣緊此一主線而發展

（　　）2. 狂人日記以象徵筆法直指中國舊社會之陳腐與怪狂，下列有關本文的思想詮釋，何者正確？
(A)「我自己被人喫了，可仍然是喫人的人的兄弟」：魯迅雖然想批判舊社會的封建禮教害人，但他認為父兄長上仍值得尊敬，因此後代子孫應甘願被傷害
(B)「你們立刻改了，從真心改起！你們要曉得將來是容不得喫人的人」：這裡的「你們」是指狂人的鄰居，控訴當時列強對中國的蠶食鯨吞
(C)「四千年來時時喫人的地方，今天纔明白，我也在其中混了多年」：其中四千年恰好是中國的文明歷史長度，暗示身在其中的「我」，也難免沾染了一些舊的文化
(D)「沒有喫過人的孩子，或者還有？救救孩子」：道出魯迅對陳腐的中國社會失望至極，看不見光明的出路

（　　）3. 請判別以下引文，是屬於狂人聯想吃人的歷史「自古已有之」，而被記載在古書上的，共有幾項？
㈠持歸閱一過，知所患蓋「迫害狂」之類㈡只有廿年以前，把古久先生的陳年流水簿子，踹了一腳，古久先生很不高興㈢街上的那個女人，打他兒子，嘴裡說道：「老子呀！我要咬你幾口才出氣！」㈣他們的祖師李時珍做的「本草什麼」上，明明寫著人肉可以煎喫；他還能說自己不喫人麼㈤他對我講書的時候，親口說過可以「易子而食」
(A)二項　　(B)三項　　(C)四項　　(D)五項

（　　）4. 「我翻開歷史一查，這歷史沒有年代，歪歪斜斜的每頁上都寫著『仁義道德』幾個字。我橫豎睡不著，仔細看了半夜，纔從字縫裡看出字來，滿本都寫著兩個字是『喫人』！」有關這段引文的說明，下列何者正確？
　　(A)「我」的歷史不好，所以想要查的歷史事件翻找不到正確的時代
　　(B)作者想要諷刺傳統封建社會僵化的禮制，造成「人吃人」、「禮教吃人」的惡現象
　　(C)「我」夜晚睡不著翻查的書本，應為一本魏晉時代的志怪小說，因此「喫人」的字眼充滿書冊
　　(D)作者認為應該提倡古書上所寫的「仁義道德」，才能夠改善「人吃人」的社會

（　　）5. 文中狂人使用動物的特性，來形容「喫人」者的兇狠、狡猾等特性，下列何者為非？
　　(A)獅子似的凶心　　　(B)兔子的怯弱
　　(C)毒蛇的狡猾　　　　(D)狼犬的兇狠

（　　）6. 下列有關本文詞語的音、義解釋，何者正確？
　　(A)「撮」錄：音ㄘㄨㄛ，摘錄
　　(B)消息漸「闕」：音ㄑㄩㄝˋ，義同「確」
　　(C)打「枷」：音ㄑㄧㄚˊ，古時加於犯人頸間的刑具
　　(D)嗚嗚咽咽：ㄨ　ㄨ　ㄧㄝ　ㄧㄝ，形容悲傷哭泣的聲音

（　　）7. 本文開頭為狂人日記下了許多註腳與說明，下列的說明何者正確？
　　(A)由「適歸故鄉，迂道往訪，則僅晤一人，言病者其弟也」可知此部分的敘事者為「狂人」的哥哥
　　(B)「至於書名，則本人愈後所題，不復改也」可知日記是由「本人」，即此部分敘事者所定名
　　(C)「語頗錯雜無倫次，又多荒唐之言」即如日記中說：「易牙蒸了他兒子，給桀紂吃」，其實易牙、桀、紂都非同一個時代的人
　　(D)由「亦不著月日，惟墨色字體不一，知非一時所書」可知狂人沒日沒月的寫，可見其當時狂病之嚴重

（　　）8. 狂人日記揭露題旨的關鍵文句，應為下列那個選項？
　　(A)持歸閱一過，知所患蓋「迫害狂」之類。語頗錯雜無倫次，又多荒唐之言；亦不著月日，惟墨色字體不一，知非一時所書

(B)想起來，我從頂上直冷到腳跟。他們會喫人，就未必不會喫我

(C)我翻開歷史一查，這歷史沒有年代，歪歪斜斜的每頁上都寫著「仁義道德」幾個字。我橫豎睡不著，仔細看了半夜，纔從字縫裡看出字來，滿本都寫著兩個字是「喫人」

(D)他們要喫我，你一個人，原也無法可想；然而又何必去入夥。喫人的人，什麼事做不出；他們會喫我，也會喫你，一夥裡面，也會自喫。但只要轉一步，只要立刻改了，也就是人人太平

(　　) 9. 下列關於魯迅的敘述，何者正確？

(A)魯迅，原名周作人，浙江紹興人。幼時曾習讀古籍，長大後赴日求學，獲得許多新思想的啟蒙與刺激

(B)魯迅有感於民族根性的積弊難治，毅然棄文從醫，在辛亥革命前返國與陳獨秀等知識分子辦雜誌、譯介外國文學思潮

(C)魯迅狂人日記發表於新青年雜誌，為中國第一篇白話文小說，以平鋪直敘筆法揭露中國舊社會之陳腐

(D)代表作品有：小說集吶喊、彷徨，後人輯有魯迅全集。作品被譯為多國語言，有「中國現代小說之父」之譽

(　　)10. 依據小說中的線索，「狂人」最後的發展為何？

(A)狂病病癒，成為鄉里間人人敬重的地方官

(B)狂病病癒，成為日記中「人吃人」的一員

(C)狂病不癒，瘋狂憂傷以終老

(D)狂病不癒，被家人幽禁在屋

二、問答題

1. 小說的結尾，狂人意識到他也在四千年來時時喫人的地方混了多年，並在日記裡喊著「沒有喫過人的孩子，或者還有？救救孩子……」請嘗試詮釋狂人此際的心情。

答：

2. 假設你是小說中正發病的「狂人」，舉世只有你看出「人吃人」的現象，看出問題的你反被視作瘋狂之人。你將如何面對這樣的艱難處境？你會如同文中的狂人一樣向眾人指出問題，或者……？可合理論述、自由發揮。

答：

時代‧衝突，人生還有更多謎

鐵　漿

朱西甯

一、選擇題

（　　）1. 下列選項「　　」中的字，何者讀音正確？
  (A)麥「穰」：ㄒㄧㄤ
  (B)「蜷」曲：ㄐㄩㄢˇ
  (C)「澇」災：ㄌㄠˊ
  (D)紅「瓤」西瓜：ㄖㄤˊ

（　　）2. 下列選項，何者用字完全正確？
  (A)孟憲貴那個鴉片煙鬼子死在東嶽廟裡，直到這天過了晌午才被發覺，不知什麼時候就死了
  (B)僵曲的屍體很難裝進那樣狹窄的木匣裡，似乎死者不很樂意這樣草率的成殮，執坳著在作最後的請求
  (C)築鐵路那幾年，小鎮上人心遑遑亂亂的。人們絕望的準備迎受一項不能想像的大災難
  (D)人們的恐懼和憤恨似乎有些兒被趨散，留給孟憲貴一種說不出的悵惘

（　　）3. 鐵漿中，孟、沈兩家為了何事而世代相爭？
  (A)鐵路的經營權　　(B)包鹽槽　　(C)土地田產　　(D)官酒生意

（　　）4. 下列關於孟、沈兩家相爭的經過，何者敘述錯誤？
  (A)孟昭有的上一代爭輸了沈家
  (B)孟昭有先是連連三刀刺進自己的小腿肚以示決心
  (C)後來孟昭有不惜剁了自己三根手指頭也要爭贏
  (D)最後沈長發一口飲盡了灼燙的鐵漿，結束了這場爭鬥

（　　）5. 鐵漿中何者貫串全文，具有象徵意義？
  (A)鴉片　　(B)野狗　　(C)火車　　(D)鐵漿

（　　）6. 下列何者可以顯現小鎮的居民對鐵路開發充滿恐懼？
  (A)對於這些半農半商的鎮民，似乎除了那些旱災、澇災、蝗災和瘟疫，屬於初民的原始恐懼以外，他們的生活是平和安詳的

(B)一條大黑龍，冒煙又冒火，吼著滾著，拉直線不轉彎的，專攝小孩子的小魂魄，房屋要倒塌，墳裡的祖宗也得翻個身

(C)千代萬世沒去過北京城，田裡的莊稼一樣結籽粒，生意買賣一樣的將本求利呀

(D)古人把一個晝夜分作十二個時辰，已經嫌囉嗦。再分成八萬六千四百秒，就該更加沒意思

( ) 7. 「在場的人聽得見鮮血嗒嗒的滴落，遠處有鐵榔頭敲擊枕木的道釘，空氣裡震盪著金石聲。鐵路已經築過小鎮，快和鄰縣那邊接上軌」一句，意謂何者？
(A)新的時代即將來臨，但小鎮的人們仍執著以血氣的方式逞勇鬥狠
(B)即使小鎮的人們以武力抗爭，都無法阻止新時代的來臨
(C)小鎮的人們以武力爭取火車鋪設後所帶來的利益，實在不明智
(D)火車的修築影響小鎮居民的利益，所以必須以武力來解決

( ) 8. 鐵漿中，孟憲貴為什麼會死在廟裡？
(A)因為沈家挾怨報復，派人暗殺他
(B)因為應驗了鐵路開通的詛咒
(C)因為後來鹽包靠火車運送，孟家沒落了，他又染上鴉片的煙癮
(D)因為孟憲貴未將祖產守好，覺得對不起父親，所以自殺了

( ) 9. 下列關於鐵漿的敘述，何者錯誤？
(A)文中籠罩著白色的意象，使文章多了一份冷肅悽涼之感
(B)文中主角豪氣的灌下鮮紅炙熱的鐵漿，與孟憲貴死時的蒼白悽涼，形成很大的對比
(C)文章當中扮演先知角色，預言包了鹽槽未必會走財運的人是鎮董
(D)小鎮上的居民對於火車，先是恐懼、抵抗，到後來無奈的妥協，以至於習以為常

( )10. 下列關於朱西甯的敘述，何者正確？
(A)朱西甯的創作以散文為主，兼及小說
(B)朱西甯的作品運用地方方言，描寫人性的欲望與善惡，為書寫臺灣在地生活的鄉土文學作家
(C)朱西甯的妻女與女婿皆從事創作，文學家族陣容龐大
(D)鐵漿為朱西甯的遺作，雖僅完成了預期的四分之一，但可見其寫作態度十分嚴謹

二、問答題

1. 鐵漿一文藉著孟家的故事，傳達什麼樣的思想內容？
   答：

2. 文中運用了對比的手法，增添了情節的張力，試舉例來加以說明。
   答：

送 行

袁哲生

一、選擇題

( ) 1. 下列有關送行中逃兵「父親」角色的刻畫，何者說明正確？
　　(A)老父親的沉默，是因為對於有個兒子成為逃兵感到羞愧難當，不想原諒兒子
　　(B)老父親應是本省籍的鄉親，滿口閩南方言，不太會講國語
　　(C)老父親是位靠天吃飯的農夫，在送行結束過後，即將返鄉去收割農作
　　(D)由老父親帶著航空公司贈送的旅行袋、綠白相間的大帆布袋，可以推想其儉樸的性格

( ) 2. 送行開場時的場景，是在小鎮深夜的月臺上，有些許旅客正在候車。請問最後共有幾名旅客由月臺坐上這班凌晨北上的列車？
　　(A)三名　　(B)五名　　(C)六名　　(D)八名

( ) 3. 如果想用一句話來詮釋全篇小說所瀰漫的氣氛，下列那個選項最為適合？
　　(A)送行時分依依不捨的離愁
　　(B)青春少年追夢的陽光勵志
　　(C)小人物的愁苦與孤寂心境
　　(D)父親望子成龍的失落絕望

( ) 4. 「□□的早晨是灰色調的，整座城市的大街小巷都像被鹽水泡過似的。」上列為這段小說中的引文，請問□□應為何處？
　　(A)都會　　(B)雨港
　　(C)學校　　(D)火車站

( ) 5. 依據小說中的線索，少年曾經因為期待什麼事情而雀躍起來？
　　(A)脫離父親的管教
　　(B)和朋友一起打棒球
　　(C)打電話給心儀的女孩
　　(D)約了宿舍同學一同返校

( ) 6. 小說中，少年要返回寄宿學校之前，父親想起之前「答應要送他一個高倍的望遠鏡，但是忘了買，他把小兒子叫住，從旅行袋裡搜出他保管的公務望遠鏡，交給小兒子，心想，這趟到了美國再到海員俱樂部附近的跳蚤市場買一個賠回去。他囑咐他不要用衛生紙擦拭鏡頭，還有不要對著大太陽看。」有關此段情節的解讀，何者最為適宜？
(A)父親對兒子的呵護關懷之情，透過叮嚀囑咐有關望遠鏡的使用方式而顯現
(B)父親對兒子要求的禮物感到金錢上的壓力，因此只能冒著危險偷拿公務望遠鏡
(C)少年知道父親對於送他去寄宿學校有愧對之情，因此想要什麼禮物都可以
(D)少年在寄宿學校孤單寂寞，因此很需要父親借他望遠鏡來觀看星空抒解壓力

( ) 7. 少年在等待朋友前來碰面的過程中，花錢購買了一些東西，下列購買清單何者正確？
(A)名牌棒球手套、職業用棒球、大亨堡
(B)名牌棒球手套、職業用棒球、巧克力冰淇淋
(C)廉價球具、平價牛排館的商業午餐、巧克力冰淇淋
(D)廉價球具、平價牛排館的商業午餐、高倍數望遠鏡

( ) 8. 本篇小說中的角色設計，不乏可以呈顯社會中下階層中小人物的物件，下列何者**不屬於**這樣的物件？
(A)老式的大尖領花格子襯衫
(B)梅春旅社的塑膠拖鞋
(C)口袋裡的派克鋼筆
(D)航空公司贈送的旅行袋

( ) 9. 托爾斯泰在安娜·卡列尼娜開頭便說：「所有的幸福家庭都相似，而不幸的家庭卻各有各自的不幸。」這句話可與袁哲生送行中哪個角色的苦惱呼應？
(A)逃兵的老父親
(B)提著雞的老婆婆
(C)帶著女兒的少婦
(D)以上皆是

（　　）10. 下列關於<u>袁哲生</u>的相關說明，何者為是？

　　　　(A)<u>袁哲生</u>廣為人知的<u>倪亞達</u>系列作品，是兒童繪本的成功之作

　　　　(B)<u>袁哲生</u>是六〇年代鄉土文學代表作家之一

　　　　(C)與<u>袁哲生</u>同輩的作家有<u>黃春明</u>、<u>王禎和</u>等人

　　　　(D)<u>袁哲生</u>的作品往往透露對社會中下階層的關懷

二、問答題

1. 請分析為何本篇小說題名為「送行」？請先從小說的情節架構來分析，並嘗試進一步從主題意識的角度切入，詮釋情節以外的「弦外之音」。

　　答：

2. 本篇小說的結尾，不是任何一段「送行」的結束，而是少年返校時校警問了一句「誰啊？」你覺得作者這麼布局的用意為何？

　　答：

時代‧衝突，人生還有更多謎

竹叢中

芥川龍之介

( ) 1. 下列選項「　」中的字,何者讀音正確?
(A)「晌」午:ㄒㄧㄤˇ　　(B)「踅」身:ㄒㄩㄝˊ
(C)「瞥」見:ㄆㄧㄝˇ　　(D)輕「蔑」:ㄇㄠˋ

( ) 2. 下列選項中,何者用字完全正確?
(A)大概離山科的繹站道路四、五百公尺,一處竹林中夾雜著細瘦杉樹,沒有人煙的地方
(B)我想到這次事件悠關我自己的性命,因此我奪走了男人的刀和箭,立即走回原來的山路
(C)事到如今,我已無法和你繼續斯守終生,我決心一死了之。但是——但是我請你也以死來結束你曾看過我受的羞辱
(D)但是我妻子卻悄然坐在竹葉上,目不轉睛的看著她的膝蓋,她的神情彷彿是在聆聽盜寇的言語。我嫉妒得渾身戰慄

( ) 3. 下列關於芥川龍之介的敘述,何者正確?
(A)芥川龍之介的作品以長篇小說為主
(B)其作品對人性有深刻的探索,為當時社會的縮影
(C)芥川龍之介的文字溫和而帶有情感,語言簡潔有力而富藝術性
(D)芥川龍之介生前創辦了芥川賞以獎勵文壇新秀的創作

( ) 4. 竹叢中裡是誰發現武士屍體的?
(A)樵夫　　(B)僧侶　　(C)捕快　　(D)老嫗

( ) 5. 竹叢中裡的武士為什麼會和強盜一同進入竹叢中?
(A)為了搶奪女人而決鬥　　(B)為了進入竹叢中救妻子
(C)為了要和強盜買寶物　　(D)為了和強盜一起去挖掘古墓

( ) 6. 為什麼強盜說他把武士的繩索解開,和武士公平決鬥,並將其殺死?
(A)因為他對真砂產生了真愛
(B)因為強盜真的是光明磊落的與武士決鬥,並將武士殺死
(C)因為反正死罪難逃,這麼說比較有面子
(D)因為他要抗議這個社會的不公不義

（　）7. 武士說自己是自殺死的，原因何在？
(A)維持自己身為武士以及一個男人的尊嚴
(B)因為他的妻子背叛他
(C)因為無法饒恕強盜，所以自殺
(D)因為想要使不貞的妻子產生罪惡感

（　）8. 真砂為什麼要說自己殺了丈夫？
(A)為了要幫強盜脫罪　　　(B)因為丈夫無法保護她
(C)因為打擊太大，精神錯亂　(D)為了要維護自己的名譽

（　）9. 從捕快的供詞中可以看出什麼？
(A)對於多襄丸是否殺人，多憑自己的臆測與先入為主的觀念
(B)對於多襄丸是否殺了武士和之前去寺廟參拜的婦女及女僕，握有充分的證據
(C)武士真的是被多襄丸殺死的
(D)他逮捕多襄丸時，費了九牛二虎之力

（　）10. 下列哪一句話適合用來形容竹叢中？
(A)哪裡有軟弱，哪裡就有謊言
(B)真理愈辯愈明
(C)日久見人心
(D)最黑暗的時刻，也是最接近光明的時刻

二、問答題

1. 文中出現了幾個人的供詞？讀者是否可以從供詞中推敲出武士究竟被何人所殺害？
答：

2. 文中每一個人對事件的說法不一，原因為何？
答：

時代‧衝突，人生還有更多謎

這個世界的18個謎

王怡芬‧林佳儀‧簡君玲 編著

魯迅

拓拔斯‧塔瑪匹瑪

袁哲生

芥川龍之介

張愛玲

契訶夫

駱以軍

李昂

朱西甯

朱天心

袁瓊瓊

郭箏

龍瑛宗

余華

黃春明

白先勇

賴和

王文興

試題本

解答

南一書局

青春成長之謎

▶彈子王

一、選擇題
1. A　　2. B　　3. C　　4. B　　5. D
6. C　　7. A　　8. D　　9. D　　10. C

【解析】
1. (B)音ㄈㄨˊ(C)音ㄅㄚ(D)音ㄆㄤˇ。
2. (A)打「洋」→烊(C)邋「塌」→遢(D)「倘」著→淌。
3. (C)郭箏未寫詩，另有武俠小說的創作。
4. (A)阿木長相不討喜(C)阿木是搞不清楚狀況才參與了群架(D)阿木從小在人際關係的發展便不順利。

二、問答題
【參考答案】
1. 討好同學，以獲得同儕之間的友誼及認同感。
2. 寫一群不愛念書、得不到社會主流認同的青少年們，成天打撞球、翹課，終日遊走於社會邊緣，對未來失去目標與希望。文中並且提到，在過去，學生打撞球曾被記過；而現在，卻有撞球國手為國爭光，這也不禁使人反思以升學主義掛帥的社會，價值觀是否太失之偏頗。彈子王除了道出社會邊緣人的辛酸處境，也寫出了朋友間相知相惜的情感，讀之令人動容，並能引起深思。

▶降生十二星座

一、選擇題
1. D　　2. D　　3. A　　4. D　　5. B
6. C　　7. C　　8. D　　9. C　　10. D

【解析】
1. (A)「騷」到→搔(B)「搨」情→煽(C)枯「稿」→槁。
2. (A)音ㄉㄧㄢˋ(B)音ㄩㄥˇ(C)音ㄔㄨˋ。
6. (C)主角對星座自有一套詮釋的系統，當故事角色一旦降生於某個星座宮，就逃不了主角以命定的方式去解釋角色行為，故為宿命論的表現。
7. (C)蒙太奇手法運用在電影上時，可解釋

為有意涵地將時、空、人、地作一拼貼跳躍的呈現方式。
9. (C)紅字團一書。

二、問答題
【參考答案】
1. 降生十二星座中，電玩角色無法掌握自己的命運，如春麗被玩家操控，不斷重覆報殺父之仇，對應到人生，即表達人類不管再怎麼努力、掙扎，最終都逃不過上天的安排與既定的命運，此即宿命論的觀點。
2. 敘說木瀨、渡邊兩個先後自殺的程式設計師和直子間的愛情故事。而路易十六中有些格子無法進入，正表達了人的內心世界永遠無法被了解。

▶日曆、最快樂的事

一、選擇題
1. C　　2. D　　3. A　　4. B　　5. B
6. A　　7. C　　8. C　　9. D　　10. B

【解析】
1. 參照原文，可知只有(甲)(乙)(丙)符合。「畫日曆」是因為期待暑假，而作規劃未來的動作，並非夏日暑假之樂事。
2. 黃開華意外由畫日曆的動作，意識到人生短促無常的真相，所以「由樂轉悲」的哭了起來，故選(D)。
3. (B)寫主角對暑假的期待(C)為主角開始感覺到性命原來如此短促無常(D)描寫主角一開始的快樂、無憂無慮。
4. (B)從「再沒有……嗎」可以感到年輕人的失落之意。
5. (B)由「而，面前的這一張紙，僅僅是一張紙，便裝滿了他未來的，所有的，所剩的全部生命的日子」可推知。
6. 「現代主義」作家善寫現代人在工業社會、資本主義的生活，充滿著重複、冷色調的都市景象，生活看似進步，其實人的內在價值疏離空洞。如本文所用「『冰冷』、『空洞』的柏油馬路面」、「天空『灰濛』」、「『同樣』的街，天空，建築，已經看了兩個多月，至今

氣候仍沒有轉變的徵象」等，即有這樣強化角色心理的作用。

7. (A)是等待歸人的女子心境(B)可作為一首情詩來看，將之詮解為至死不悔的深情(C)詩人感到生活充滿著無意義的重複，對生存意義感到質疑，接近本篇小說的主角心境(D)是詩人認真揣想一種與他人相遇的可能，以及隨之而生的可能的互動情節、憂愁傷感。

8. 小說中年輕人想著：「他們都說，這是最快樂的事」，並意識到：「這已經是最快樂的事，再沒有其他快樂的事嗎？」而後在是日下午自殺，可據此推知。

9. (A)應為十五篇小說，收集王文興在發表家變前所撰的十五篇短篇小說(B)他認為小說家應以「一天三十個字」的極緩速度創作(C)他的閱讀理念是提倡精讀，理想的讀者應以每小時一千字上下的速度閱讀。

10. (A)日曆為夏日(C)日曆中主角為十七歲的少年(D)應為探問人生的意義，但未寓有「惜時進取」之意涵。

二、問答題

【參考答案】

1. 我認為應為後者：「年輕人因為心情煩悶，而覺得這是個分外寒冷寂寥的一日」。杜甫言：「感時花濺淚，恨別鳥驚心。」其實仔細思索我們的日常生活，確是如此。人們常會因為個人的境遇，而覺得外在的景物彷彿渲染了快樂或憂傷的情緒。小說家也往往逆向操作這種心態，透過主角所見之景的描繪，來點染出此刻主角的心境。最快樂的事中的少年，感覺到百無聊賴、寂寥冷肅的感受，正是因為他嘗試了聽他人道來應是「最快樂的事」，卻仍無法擺脫生活中並無特別快樂之事的窒悶感，因此那一日「寒冷的上午」，便以灰濛冷肅的姿態，籠罩了他的世界。

2. 十七歲而不知愁的開朗少年黃開華，原是無憂快樂地夢想著暑假、籃球、西瓜、綠水……等美好事物在等待著他，他在日曆上一一「劃掉日子」設想將臨的

假期。然而當他想像的時光，穿過眼前的年少，來到三十歲、四十歲、五十歲……直到二〇一五年的九月，他突然意識到自己甚且不一定能夠活到七十二歲，而這麼令人依戀的人生，竟然在這小小的一紙即可畫完，裝載他一生的足跡。他忽地發現盼望的另一端，並非永無止盡的美好期盼，而是死亡的陰影；也忽然意識到這短促的人生裡，能夠把握的快樂時光，其實也不多。那麼，究竟自己在這短促而少樂的人生要期待、追尋什麼呢？黃開華，這原來不知愁的少年，瞬間瞭解了哀愁的滋味，於是不禁伏在桌案上哭泣了起來。

▶十八歲出門遠行

一、選擇題

1. C	2. B	3. B	4. D	5. A
6. A	7. B	8. D	9. C	10. D

【解析】

1. 文章從開頭剛出門順敘到最後少年被騙，再由少年回想最初父親讓他出門的事。

2. 少年從開端便在尋找旅店，後來上了騙人的司機的車也是為了找旅店，直至最後躺在車內才發現車就是他要找的旅店。

4. (D)由文中「那車頭的蓋子斜斜翹起，像是翻起的嘴唇」可知。

5. (A)由「那些山那些雲都讓我聯想起來了另一幫熟悉人來了」可知。

7. (A)小說原文：「鮮血像是傷心的眼淚一樣流」(B)小說原文：「蘋果從一些摔破的筐中像我的鼻血一樣流了出來」，且蘋果與鮮血的顏色相近，故「流血」較「流淚」來得具象(C)(D)皆是蘋果已經傾瀉滿地的結果。

二、問答題

【參考答案】

1. 本文以第一人稱「我」來敘事，即是由第一次離家遠行的主人公敘述全部內容。用第一人稱敘事的特色在於一切見聞及感受，皆由主人公本身來敘述，讀來倍覺真實而生動。

2. 主人公發現農民正在搶劫司機的蘋果，即使司機本人毫不在意，他還是先上前責問，接著出手阻攔，即使被打傷了，等下一批人來強奪時又奮不顧身撲上去，直到再也爬不起來為止。

▶想我眷村的兄弟們

一、選擇題
1. B	2. C	3. D	4. C	5. B
6. B	7. C	8. A	9. D	10. A

【解析】
1. 臺灣在一九七五年蔣介石逝世之前，政府仍口口聲聲要反攻大陸，軍職是社會主流之一；但之後社會出現多元價值，眷村居民數十年的堅持面臨鬆動。此外，一九七〇年代鄉土文學論戰興起，身為外省第二代的朱天心，因為成長經驗中與人不同的鄉土，令她產生焦慮，遂以寫作來抵抗遺忘，以書寫來重塑記憶，宣示這一個真實存在的眷村世界。
4. 小說一開頭就提到村口懸掛的紅布幅「本村全體支援×號候選人×××」，接著又提到她要到差不多二十多年後，才初次投下與那紅布條不同政黨的一票，可知當年每逢選舉，眷村就是特定人士的「鐵票區」，大家都投給共同的政黨、候選人。
5. 小說提及「江西人的阿丁的嗝味其實比四川人的培培要辛辣得多……」，大江南北不同的飲食習慣，光從他們打嗝的氣味就聞得出來；而從不同的飲食習慣，也可知他們來自不同的省分。
6. 因為父母過清明節時，不知老家家人的生死存亡，總是過得荒荒草草，連祭祀對象也只能泛稱是「×氏祖宗」。
9. 小說中在提及眷村父老的遭遇之後，有以下譬喻：「自己正如那隻徘徊於鳥類獸類之間，無可歸屬的蝙蝠。」
10. 雲門舞集創辦人林懷民是臺灣嘉義新港人，林家為嘉義士紳。朱天心為本文作者，祖籍山東。張大春、張曉風皆為著名作家，小說最後人物速寫時提及這兩

位。

二、問答題
【參考答案】
1. 這個族群日益稀少，且從主流往邊緣移動。
2. 小說的主要內容，並沒有明確的人物與事件，透過這些當代名人，可以讓讀者確知彷彿模糊的眷村族群確實存在，且形象鮮明。

生命中美麗與哀愁之謎

▶花季

一、選擇題
1. D	2. C	3. D	4. B	5. A
6. A	7. C	8. C	9. D	10. B

【解析】
1. 根據小說原文，開場「臨近聖誕節的十二月某一天」可推知為「冬季」。
2. (C)她那日根本未到學校上課，因此不是「趁著老師講課不注意」而偷溜至校外。
3. 在少女的浪漫幻想中，這雙眼睛應來自於日常生活之外，故可刪去(A)(C)。又，這雙注視的眼睛應為有愛慕之意的人，因此「精靈」並不合適。
4. (A)應為雙輪腳踏車(C)(D)為女主角的自我想像橋段。
5. 女主角一開始因為這是超出生活常軌的活動而充滿期待與想像，在她的想像中，花匠有可能會對她做出不良的舉動，因此她有著不安、驚恐，但最後什麼事也沒發生，「一切竟是這樣的無趣，什麼也沒有發生」，帶著隱隱的失落結束這一場冒險之旅。
6. (B)同「冢」(C)指欺詐、狡猾(D)佇，音ㄓㄨˋ。
7. (A)應指不同尋常的冒險(B)應是指沒有把握能度過想像中冒險的危險(D)應為沒有刺激的事件發生。
8. 題目敘述中已點明「因為冬天遲升的太陽而有了一種浪漫的感動」，因此(A)(B)的「冷冷」不適宜，(D)「『細細』的旋

轉起來」語境突兀，故選(C)。

10. (A)「李」為母親姓氏(C)多有觸及女性情慾的書寫(D)秧歌、紅玫瑰與白玫瑰為張愛玲作品。

二、問答題

【參考答案】

1. 小說開場，女主角自白：「那是在我逝去的光耀的青春裡所發生的一小件事。那時候，我還很年輕，年輕該是一個美妙的花季。」在此，作者將花季與女孩的青春年華交互比擬，從小說情節的推展，可知女主角似乎期待著生活中發生一點不一樣的新鮮事件，因此「花季」代表著女主角嚮往的「光彩的青春」。

2. 小說的結尾，女主角經歷一場「蹺課買樹」的小小冒險，過程中她想像這一路潛伏著危機，花匠可能對她不利，以及預設抵擋奔逃的可能。然而，最終並無發生什麼大事，於是她這麼想著：「一切竟是這樣的無趣，什麼也沒有發生，但我是否真正渴望發生一些事情，我自己也不清楚。」便百無聊賴的拖著腳步，一步慢似一步，走回她原本簡單無趣的日常世界去了。

▌紅玫瑰與白玫瑰

一、選擇題

1. A　　2. B　　3. D　　4. D　　5. C
6. B　　7. A　　8. B　　9. D　　10. D

【解析】

1. (B)「衿」持→矜(C)「蹦」得→繃(D)悽遑→惶。
2. (A)音ㄑㄧㄣˋ(C)音ㄎㄞ(D)音ㄧˋ。
8. (A)顯示出嬌蕊的不拘小節(C)為夜半嬌蕊慌忙出來接電話時的敘述(D)為嬌蕊再嫁為人婦後對人生的體悟。
10. (D)水問為簡媜的散文集。

二、問答題

【參考答案】

1. 嬌蕊舉手投足間散發著女人味，她有著成熟女人的身體，在精神上卻像個孩子，同時兼具性感與稚氣這兩種吸引力，

令人無法抗拒。嬌蕊的情慾是主動的，她勇於面對自己的情感，為了振保，她和丈夫坦白，即使後來振保並未選擇她，她仍選擇離婚。她忠於自我，感情豐沛，在感情的世界裡獨立自主，並握有掌控權。

2. 烟鸝是傳統社會中的小女人，她恪遵傳統，嫁夫從夫，沒有自己的個性，給人的印象是模糊的，在人心裡的重量是輕的。振保在外面花天酒地，烟鸝總是會設想一些理由來說服自己和旁人。對於振保而言，烟鸝就像刻在銀瓶上的字，可以隨時被抹去蓋掉。即使烟鸝後來紅杏出牆，和有點佝僂，臉色蒼黃，腦後略有幾個癩痢疤的裁縫外遇，但這些不堪都只更顯現出她的卑微與可憐。

▌自己的天空

一、選擇題

1. D　　2. C　　3. A　　4. B　　5. A
6. C　　7. C　　8. C　　9. D　　10. B

【解析】

1. (D)由此篇小說中女主角的自我成長歷程可推知，唯有擁有自主能力帶來的自信與快樂，才能擁有「自己的天空」。
2. 餐館為女主角開場時聽聞丈夫交代外遇後續處理的場景，小說結尾女主角又在餐廳與前夫相遇。兩次女主角整理內心獨白的場景，皆伴隨著對餐廳廚房的描述。
3. (B)(C)(D)皆將無生命的物品賦予人類的舉措心情，是為「擬人」修辭。
4. 由前後文的情節來推敲：(A)應改為「笑」(C)應改為「潑辣」(D)應改為「心亂」。
5. 小說原文說：「她都不相信自己會幹這個」可見答案不是(B)。(C)(D)和情節不符。而小說中有：「把店頂了出去。開始給保險公司跑外務，只有這個工作好找。」可推知正解為(A)。
6. (C)是姊妹淘劉分對自己前夫的描述。
7. (A)(B)(D)是靜敏眼中良三那「代替靜敏在良三身邊活下去」的新任妻子，對靜敏

來說是「過去的自己」。

8. (A)(B)與小說原文本意不符合(C)原文有「因為那個女人，她現在在過另一種生活。她覺得自己現在比過去好」等描述可供線索答題(D)雖也覺得那女人像是「另一個自己」，但從自己胡調了一下女子便生氣的樣子，覺得她沒有要哭的意思，不若過去靜敏的溫馴。

9. (A)為描寫一位掙脫婚姻桎梏、尋求獨立自主的女子(B)小說中的女主角走出外遇陰影，大膽追求真愛(C)考量魯迅卒年與作者發表的時代背景，魯迅未能看到這篇作品，遑論評價。實是王文興點評語。

10. (A)和(C)選項的描述，前者推敲得太過保守，後者太過樂觀(D)非本篇小說寫作立意所在。

二、問答題
【參考答案】

1. 小說中的靜敏，為了「面子」，謊稱自己結了婚。良三很驚訝的問了：「那是你兒子？」這時靜敏半真半假的答了「是啊！」果然見良三衰頹、遺憾的模樣。在這個互動中，我想靜敏的「掙面子」手法是做對了，我們看出原來前夫最在意的，竟仍是傳宗接代的問題，這是靜敏小小復仇的快樂。然而，我們明白了，這個前夫，過去或此刻都不能成為那個讓靜敏有「自己天空」的人，不是能真正欣賞靜敏自主自信之美的人。那麼，在小說中，選擇走出這無望婚姻的靜敏，果真作了正確的人生抉擇。這或許是作者安排這個情節的用意。
　然而身為讀者的我，卻對作者這樣的安排有些小小失望，原來，靜敏所謂的「得勝」，仍是希望在這樣的男子面前得到認可，並且是透過這種傳統女子負責傳宗接代的觀念所編織的謊言，靜敏的天空，真的清澈無礙了嗎？

2. 現代臺灣社會中的女性，同男性一樣有受教育的機會、有工作及隨之而來的經濟能力，相較於過往的傳統女性，甚至是小說自己的天空的時空背景，都擁有更廣大的天空。然而，社會對於女性的

傳統期待，卻仍然無處不在：從服裝儀容舉止的期望、對家庭照顧奉獻的歌頌等等，這些性別的刻板印象，仍在女性的成長過程中，或多或少起了一些影響。性別意識型態的無所不在，不僅對女性發生了限制作用，也對許多無法符合性別期待的人帶來種種壓迫。若是有那麼一天，我們對於性別的想像能夠更為自由，那麼，我們的天空，一定都會更加寬廣。

▶遊園驚夢
一、選擇題

1. B	2. A	3. A	4. C	5. C
6. D	7. C	8. B	9. B	10. D

【解析】
1. (B)在臺北。
3. (A)都是親姊妹。
7. (C)因竇夫人藝名桂枝香。
9. (B)當時臺北已不像當年南京流行長旗袍了。

二、問答題
【參考答案】

1. 燦爛美好的春景、殘破零落的花園。
2. 遊園驚夢與錢夫人一生的命運息息相關，如：藍田玉因為擅唱崑曲遊園驚夢，才被錢將軍娶回家做夫人；錢夫人與鄭彥青那一次騎馬馳騁的繾綣經驗，有如杜麗娘在夢中與柳夢梅交歡，美好而短暫；加上錢夫人某次宴會唱遊園驚夢時，目睹妹妹與她的情人鄭彥青過從甚密。

小人物有苦難言之謎

▶惹事
一、選擇題

1. B	2. D	3. A	4. B	5. C
6. D	7. A	8. C	9. B	10. A

【解析】
1. (B)指罹患肺結核仍寫作不輟，最終伏在稿紙上咳血而亡的鍾理和。
2. (C)一桿「稱仔」以「稱仔」諷喻公平正

義被扭曲，賣菜小販秦得參反擊警察，具有強烈的鬥爭理念。

二、問答題

【參考答案】

1. 本文最具代表性的「博喻」段落為主人公豐到達開會現場時，看見屋裡竟坐滿了人，湧出一種悲哀的情緒，以「墮落深淵」形容從滿心期待到澈底失望，幾乎失去感知能力；以「趕不上隊商的孤客」形容被群眾背信離棄的孤獨、徬徨及茫茫不知所從；以「懷春的處女」形容失落情緒被揭穿的尷尬及面對旁人訕笑的羞赧。

2. 第一個短篇，塑造主人公豐只為講理，不願妥協的特質，不因為面前的對象是個小孩子，就輕易讓步；第二個短篇，塑造豐不但講理，還有俠義精神，不僅為個人之事據力力爭，還為公眾之事奔忙，希望能趕走這個誣陷良民的警察。經由兩個短篇，不僅強化了豐好講理的性格，也將第一個短篇中可能被認為太過直率的印象，轉為第二個短篇中因為求真，遂成為不平則鳴的抗議精神。

▶植有木瓜樹的小鎮

一、選擇題

1. C   2. D   3. B   4. A   5. B
6. A   7. C   8. D   9. B   10. A

【解析】

1. (A)暈「炫」→眩(D)「權」骨→顴(D)「愕愕」而論→諤諤。
2. (A)音ㄩˇ(B)音ㄒㄧㄠ(C)音ㄓㄜˊ。
4. (B)希望能考上律師考試(C)(D)為了用功而少與同事尋樂。
8. 陳有三墮落的原因，在於他發現自己無力改變環境，無法與現實對抗，小鎮怠惰的風氣已對他發生了作用。
10. (A)原使用日文寫作，至七十歲克服語言障礙而以中文書寫小說。

二、問答題

【參考答案】

1. 他們內心苦悶，心靈荒蕪，對現實生活

不滿，卻無法與體制對抗，最後只好隨波逐流。故事的最後，林杏南的長子生病死了，而陳有三則對讀書感到倦怠，日日沉溺於酒中，不再有鬥志。

2. 龍瑛宗筆下的知識分子，對現實社會失望，對明日絕望，更失去了民族意識，表現出扭曲的心態與脆弱得不堪一擊的空虛心靈。是另一種形式的寫實，也是另一種形式的批判和抵抗。

▶兒子的大玩偶

一、選擇題

1. C   2. B   3. D   4. A   5. A
6. D   7. C   8. B   9. A   10. C

【解析】

3. 小說中雖然穿插著坤樹回憶許多過去的事情，但就現實經歷的時間而言，其實只有一天。
4. 坤樹天天掙扎著出門工作，固然有不出門賺錢，日子就過不下去的迫切需求，但小說後段也提到坤樹每天出門前，阿龍將身體往後仰翻，想挽留去工作的父親，坤樹感覺到孩子喜歡他，一切就有了動力，也耐得住一切的艱苦。
5. 坤樹所想的內容：「對於未來他很少去想像，縱使有的話，也是幾天以後的現實問題，除此之外，大半都是過去的回憶，以及以現在的想法去批判。」
7. 小說中明言阿珠「從坤樹不吃早飯就出門後，心也跟著懸得高高的放不下來」、「不吃飯、不喝茶的事，卻令阿珠大大地不安。」至於坤樹「還是和平常一樣地舉著廣告牌走」，對阿珠而言，「唯有這一點叫她安心。」
8. 坤樹夫妻吵架之後的隔天，二人在忐忑不安一整個早上之後，終於在坤樹回家吃午飯時，彼此心頭才放下重擔，但他們大部分時間是沉默著的，和解的一段時間，彼此「目光卻沒有真正地接觸過」。

二、問答題

【參考答案】

1. 由於坤樹每天要裝扮成小丑的樣子才上街工作，也每每以這樣的裝扮逗弄孩子，所以阿珠說他是「兒子的大玩偶」，而此一稱呼也是日後坤樹不需化妝時，因為孩子認不得他，又重新拿粉抹臉的伏筆。

2. 「一團火球在頭頂上滾動著緊隨每一個人，逼得叫人不住發汗」以「火球」形容太陽的酷熱，並以「滾動」、「緊隨」來描述無可逃躲的熱氣。
   「臉上的粉墨，叫汗水給沖得像一尊逐漸熔化的蠟像」先以「沖」字形容因為天氣炎熱，汗水有如雨水沖刷的形象，繼以「熔化蠟像」來形容溫度高到足以熔化蠟像，遂使臉上的妝容一片模糊。
   「近前光晃晃的柏油路面，熱得實在看不到什麼了。稍遠一點的地方的景象，都給蒙在一層黃膽色的空氣的背後，他再也不敢穿望那一層帶有顏色的空氣看遠處」則是以強烈的陽光、柏油路上熱氣蒸騰，讓人頭昏眼花、無法直視，來描寫天氣之炎熱難耐。

▶最後的獵人

一、選擇題

1. C	2. B	3. D	4. C	5. A
6. B	7. C	8. D	9. A	10. B

【解析】

5. (B)矮靈祭是賽夏族祭典(C)豐年祭是阿美族祭典(D)飛魚祭是達悟族祭典。

9. (A)為文末警察對比雅日的喊話。

二、問答題

【參考答案】

1. 一是因為像比雅日這樣技術精良的獵人，也難逃環境變遷，成為不合時宜的存在，反映原住民生存、土地權問題。二是因為森林資源日益枯竭，且又有禁槍、禁獵的法令頒布，加以森林已成為國有地，原住民難以再狩獵了。

2. 布農族以山林為家，生活資源取自於山林，打獵是他們獲取肉品的主要來源，一個獵人若捕到大型野獸，不僅家人可得溫飽，也可讓部落族人受惠，故出色的獵人，堪稱部落中的英雄。因此，對布農族人而言，打獵除了獲取食物外，更可尋找自信、贏取族人尊重。

▶苦惱

一、選擇題

1. D	2. A	3. C	4. A	5. B
6. B	7. C	8. C	9. D	10. D

【解析】

2. 小說收尾處姚納想法：「關於他的兒子，他獨自一人的時候是不能想的。……跟別人談一談倒還可以，至於想他，描摹他的模樣，那太可怕，他受不了」可知他一整日被喪子的苦惱包圍，加之無人可以傾訴，這樣的苦惱便更加地令他難受了。

3. (C)這句話作為開場，最能顯現車夫姚納這個小人物在生活中掙扎困頓的孤寂之感。契訶夫抒寫這苦悶的心靈：「在這成千上萬的人當中，有沒有一個人願意聽他傾訴衷曲呢？然而人群奔走不停，誰都沒有注意到他，更沒有注意到他的苦惱。……那種苦惱是廣大無垠的。如果姚納的胸膛裂開，那種苦惱滾滾地湧出來，那它彷彿就會淹沒全世界，可是話雖如此，它卻是人看不見的」亦可以作為呼應。

5. 由本篇小說的敘事架構來看，姚納最需要的應是傾聽和同理，故以「同情」為佳。

6. 小說中有姚納嘟嘟噥噥的說：「我的……那個……我的兒子這個星期死了！」但他的乘客們的反應不是不耐煩，就是一頓謾罵，這樣的冷淡無情，更加深了他的苦惱。據此可以推敲答案為(B)。

7. 熙攘：形容人來人往，忙碌紛紜。瘦骨「棱棱」：瘦得只剩皮包骨的樣子。哆嗦：因寒冷或恐懼而身體發抖。侷促：可形容空間狹小，或人不安適的樣子。

8. 本文以第三人稱全知觀點敘事，透過姚納的苦惱，委婉的諷刺了當時十九世紀

俄國的社會狀況。

9. (A)契訶夫為俄國作家(B)他的關懷重點在下層階級：如小人物的不幸與軟弱、勞動階層的悲慘(C)異鄉人為卡繆著作，看不見的城市是卡爾維諾著作，1Q84則是村上春樹作品。

二、問答題
【參考答案】

1. 這是小說家的對比手法，彰顯出世界的沒有耐心與無情，也帶有對中產階級的深刻批判。底層的車夫姚納即使經歷了失去親人的悲慘遭遇，對動物仍然保有溫暖與關懷；反之，社會上卻無人對他的處境伸出援手，僅僅是傾聽都無人願意，凸顯出作者的悲憤。姚納情緒的出口，無法在任何人身上得到；他在雪夜能與之取暖、傾訴的，就只有這匹可憐的馬而已了，也暗示著下層階級的處境，與牲畜一般不被重視。

2. 我會想為拾荒老人發聲。目前的社會很富裕，但是許多東西都被浪費掉，我們常丟掉還有用的東西，或不經意地浪費食物，對比在颱風下雨天仍要出門撿拾回收物的人，實在形成強烈反差。其實衣物放進回收箱，可以有弱勢團體得益；而報紙、書籍和瓶罐回收也可以讓街友或拾荒的阿姨叔伯獲得幾餐溫飽。他們會選擇辛苦的回收工作，或許都有不得不然的困難或理由，所以下次看到回收的三輪車或拖車經過時，別忘記把家裡分類好的回收物拿出來交給他們。

時代・衝突，人生還有更多謎

▶狂人日記

一、選擇題

1. D	2. C	3. A	4. B	5. C
6. A	7. C	8. C	9. D	10. B

【解析】

1. 此篇分成兩部分，以閱讀日記者的文言體與後段「狂人」的白話日記組成，故(A)(B)為非(C)狂人的「被害狂」是懼怕被吃。

2. (A)魯迅抱持著沉痛的心情，因為這些愚昧的害人與被害者，正是自己的兄弟國族同胞(B)控訴對象為中國的文化、民族性，而非外國列強(D)「救救孩子」是呼告，期盼未來能夠洗滌舊社會之惡習，讓新生一代可在健全的精神環境下成長。

3. (丁)(戊)符合。

4. (A)「歷史沒有年代」應是魯迅暗示此「喫人」禮教由來已久(C)書上的「喫人」是由「仁義道德」轉化而來，所以可知他讀的書是強調仁義道德的儒家經典(D)原本書上的「仁義道德」，幻化為「喫人」，暗示二者是等同相關的。

5. (C)依原文應改成「狐狸的狡猾」(D)在小說中有「『海乙那』是狼的親眷，狼是狗的本家」語，用以烘托鄰人趙家老頭子的心懷不軌。

6. (B)音くㄩㄝ，義同「缺」(C)音ㄐㄧㄚ(D)音ㄨˊ ㄨˊ ㄧㄝˋ ㄧㄝˋ。

7. (A)由「晤一人，言病者其弟」可知敘事者非狂人的哥哥。依前文「昔日在中學時良友」可知為狂人的同學(B)應為「狂人」於「狂病」去除後所訂定(C)易牙和桀、紂不是同時代人，可視作狂人「語頗錯雜無倫次」的表現(D)「不著日月」指日記沒有標上日期。

8. 此句點出象徵、諷喻的主題，在於傳統封建、禮教等制度的文化腐朽。

9. (A)本名周樹人，周作人為其弟(B)應為棄「醫」從「文」(C)以「象徵」筆法揭露中國舊社會之陳腐。

10. 小說開頭：「勞君遠道來視，然已早愈，赴某地候補矣。」可見狂人的狂病已經病癒，並赴他鄉候補為官。因此合理的推敲，他已同化為他患「怪病」時，眼中那青面獠牙「吃人」的他人了。

二、問答題

【參考答案】

1. 魯迅的狂人日記是現代文學史上第一篇猛烈抨擊封建禮教「吃人」的小說，批評幾千年來舊文化之沉痾。在小說中，

他化身為狂人呼喊著，正是要喚醒時代的民族性，因為他意識到自己這一代，尚且不能完全逃離沉痾之毒害，但願能夠從精神上，澈底拯救年輕一代的國族青年，甚至是新生命，期盼能有新的思想、活力，不被舊有的封建餘毒摧殘心靈的健全，「沒有喫過人的孩子，或者還有？救救孩子……」正是魯迅透過狂人的呼救與期盼。

2. 魯迅自嘲詩云：「橫眉冷對千夫指，俯首甘為孺子牛」，正是其一生積極提倡新文化的自況。小說裡的狂人，正如魯迅一樣，儘管被眾人認為瘋狂，他還是要大聲揭露他所見的非，還是要激動地勸告著，希望大家正視「吃人」之實與非。「舉世皆濁我獨清，眾人皆醉我獨醒」之際，當那清醒而堅持真理之人，或許生存的處境極其艱難，但若要與世同濁同醉，是否能真正說服自己呢？我想後者的痛苦是內心的煎熬，而不是外顯的壓力。若異身而處，我但願自己有魯迅和狂人一般的熱情與勇氣，去誠實面對自己的心，去盡力挑戰該為之事。

▶鐵漿

一、選擇題
1. D	2. A	3. B	4. D	5. C
6. B	7. A	8. C	9. C	10. C

【解析】
1. (A)音ㄖㄤˊ(B)音ㄑㄩㄢˊ(C)音ㄉㄠˋ。
2. (B)執「坳」→拗(C)「遑遑」亂亂→惶惶(D)「趨」散→驅。
4. (D)沈長發→孟昭有。
5. (C)文中鐵道的建立及火車的駛來，象徵著現代文明的入侵。
9. (C)是洋狀元。
10. (A)朱西甯的創作以小說為主，兼及散文(B)朱西甯為臺灣懷鄉書寫的重要作家(D)鐵漿→華太平家傳。

二、問答題
【參考答案】
1. 鐵漿一文藉著孟家的故事影射時代的遽

變，把中國傳統的保守生活方式與價值觀念受外力猛烈衝擊時的歷史時代現象，用明示與暗示的方法，傳達得淋漓盡致。

2. 文中以白色的大雪、白色的雪牆、白色的棺材、白狗齜出雪白的牙齒與孟憲貴死時的蒼白悽涼，與孟昭有豪氣灌下鮮紅、炙熱的鐵漿，形成了對比。其次孟昭有沒有爭到包鹽槽勢不罷休，壯烈的死於火車的通車之日，和孟憲貴落魄的死在火車停駛的大雪之日，亦形成了明顯的對比。

▶送行

一、選擇題
1. D	2. D	3. C	4. B	5. B
6. A	7. A	8. C	9. D	10. D

【解析】
1. (A)仍有對逃兵兒子濃厚的關懷，他的沉默應只是個性上的沉默寡言、不擅言詞(B)從送行父子和老婆婆間的互動問話，可以推知他不太會用臺語(C)應是船員。
2. 搭乘這班列車的旅客共有兩名憲兵押解一名逃兵、逃兵的父親和弟弟、一位老婆婆、和一位少婦帶著一個小女兒，一共八名乘客。
3. (C)的詮釋最能統籌本篇各個小人物在生活中掙扎困頓的孤寂之感。
4. 由本篇小說的敘事，以及引文中「灰色調」、「鹽水泡過」等字詞可以推知。
5. 小說中有「他想約他出來打棒球，這是他現在最想做的事」可以推敲答案為(B)。
6. 這段情節可以看出這對父子之間雖然不善於用言詞表達關懷之意，但父親對兒子的關懷呵護，並未稍減。因此(A)的解讀較為適宜。
7. (B)「巧克力冰淇淋」是少年知道朋友不會來之後，遇到少婦託他照顧小女孩，為了哄小女孩時買來吃的，故與題意不合(C)(D)皆非。
8. 老父親胸前口袋裡的派克鋼筆是對比，象徵著這海員老父親性格裡對知識的欽

重，也正是他為了小兒子的光明未來著想，叮嚀他好好上學的原因。

9. 袁哲生送行中共出現了幾個主配角：憲兵、逃兵、逃兵的老父親、逃兵的弟弟、提著公雞的老婆婆以及少婦和她女兒，這幾個角色的煩惱有輕有重，但都是各懷心事地搭上這輛夜行列車，可與托爾斯泰所言相呼應，因此選(D)。

10. (A)並非繪本，而是小說(B)九〇年代(C)黃春明、王禎和等為其文壇前輩。

二、問答題

【參考答案】

1. 送行的故事以父親一角為軸心點做定位，老父親既為逃兵大兒子送行，亦為要住校的小兒子送行。這兩個角色恰巧都是要朝向人生另一個階段；大兒子被憲兵押解，得自行熬過未來的牢獄之災；小兒子前往學校，經過學習，或許可以通往想像中的未來。篇名取名「送行」，正是因為老父親的角色象徵一種停滯，他是定位點，社會地位和一生已經呈現固滯狀態，無可改變，只有他這兩個兒子還在變動中——逃兵兒子人生正在走下坡，而小兒子能不能扭轉未來，誠屬未知。但相同的是小說中的父親對這二者仍有關懷（為大兒子蓋上衣服，給小兒子零花錢及望遠鏡）。這兩個兒子的人生旅程，他能做的正僅僅是陪他們一段，「送行」而已。

2. 在海港送行完，與父親分別之後，少年真正踏上自我的旅程。在這段短短的返校路上，他隱約經歷性的意識（海港旁的女人），以及短暫思考自己想做些什麼（他不想當水手，此刻只想跟同學傳接球），還幫了一個女人看小孩（幫助弱者）等等，這些無足輕重的插曲都幫助少年暫時渡過青春的百無聊賴，但他終究得自己走上那條通往學校的路——那條象徵他自我成長的路，他得自己克服那些對陰森的恐懼與害怕。而校警問他「誰啊？」的問話，可以想像成在這條成長之路上，他終究還是得面對、回答「自己究竟是誰」、「自己究竟想成

為誰」這個人生大哉問。

▶竹叢中

一、選擇題

1. B　　2. D　　3. B　　4. A　　5. C
6. C　　7. A　　8. D　　9. A　　10. A

【解析】

1. (A)音ㄕㄤˇ(C)音ㄆㄧㄝ(D)音ㄇㄧㄝˋ。

2. (A)「繹」站→驛(B)「悠」關→攸(C)「斯」守→廝。

3. (A)以短篇小說為主(C)文字冷峻(D)芥川賞為芥川龍之介死後其友菊池寬所創辦。

二、問答題

【參考答案】

1. 文中一共出現了七個人的供詞，讀者無法直接從供詞中推敲出武士究竟被何人所殺害，但可依「陳述者，貶人褒己，去其利害關係，真相大白」的原則去嘗試推敲真相。

2. 在這個故事當中，沒有一個人是客觀誠實的，他們所陳述的大多不是真正的事實，而是對自己有利的部分事實，每個人都藉著謊言來展現理想中的自己，以掩飾現實中自己的軟弱，表現出人類心理的黑暗面。

這個世界的 18 個謎(試題本)

編 著 者:王怡芬、林佳儀、簡君玲

責任編輯:張雅筑、洪菽敏

美術設計:南一美編組

發 行 人:蘇建中

出　　　版:南一書局企業股份有限公司

地　　　址:臺南市東區北門路一段 76 號

發 行 所:702-68臺南市南區新信路 22 號(安平工業區)

電　　　話:06-2615701.傳真:06-2615704

南 e 網網址:http://www.nani.com.tw

客戶服務信箱:stext@mail.nani.com.tw

出版日期:2012 年 6 月初版